Paul Hasse

Die Reimchronik des Eberhard von Gandersheim

Eine Quellenuntersuchung

Paul Hasse

Die Reimchronik des Eberhard von Gandersheim
Eine Quellenuntersuchung

ISBN/EAN: 9783743627963

Hergestellt in Europa, USA, Kanada, Australien, Japan

Cover: Foto ©ninafisch / pixelio.de

Weitere Bücher finden Sie auf **www.hansebooks.com**

DIE REIMCHRONIK

DES

EBERHARD VON GANDERSHEIM.

EINE QUELLENUNTERSUCHUNG.

INAUGURAL-DISSERTATION

ZUR

ERLANGUNG DER PHILOSOPHISCHEN DOCTORWÜRDE

AN DER

UNIVERSITÄT GÖTTINGEN

VON

PAUL HASSE
AUS LÜBECK.

GÖTTINGEN,
DRUCK DER UNIVERSITÄTS-BUCHDRUCKEREI VON E. A. HUTH.
1872.

Herrn Professor

Wilhelm Mantels
in Lübeck

dankbar

gewidmet.

Die Reimchronik Eberhards von Gandersheim hat in neuerer Zeit in mehrfacher Hinsicht die Aufmerksamkeit auf sich gelenkt. Einmal hat in der Frage nach einer uns auch in anderen Ableitungen fragmentarisch erhaltenen als Ganzes verlorenen chronistischen Aufzeichnung sächsischen Ursprungs Waitz in seiner Abhandlung: Ueber eine sächsische Kaiserchronik und ihre Ableitungen. Göttingen 1863. S. 38 ff. sie in den Kreis seiner Betrachtung hineingezogen; andrerseits haben ihre Nachrichten über das ludolfingische Geschlecht [1]) und Heinrich I. sie Berücksichtigung finden lassen bei demselben: Jahrbücher des deutschen Reichs unter König Heinrich I. Neue Bearbeitung. Berlin 1863. S. 186. S. 246 ff., und ihre Localnotizen über das Kloster und seine Geschichte bei Köpke: Ottonische Studien III. Hrotsuit von Gandersheim. Berlin 1869, worin er sie vielfach citirt und ihr einen eigenen Excurs (S. 229—237) gewidmet hat.

Eine erschöpfende Untersuchung nach ihren Quellen ist ihr bis jetzt noch nicht zu Theil geworden, war von Köpke nach seinen eigenen Worten auch nicht beabsichtigt [2]), doch haben Wattenbach: Deutschlands Geschichtsquellen im Mittelalter S. 216, und nach ihm Potthast: Bibliotheca historica medii aevi S. 271 auf sie als bisher zu wenig beachtet aufmerksam gemacht. [3])

---

[1]) Ueber denselben Gegenstand auch bei H. Böttger: Die Brunonen. Hannover 1865. S. 90 ff. S. 112, 113. S. 347.

[2]) a. a. O. S. 229.

[3]) Einen kurzen, oberflächlichen Aufsatz über die Reimchronik hat Ferdinand Wachter in Ersch und Gruber's Encyclopädie der Wissenschaften und Künste Sect. I. s. v. geliefert; die sprachliche Seite ist von Kinderling in seiner Geschichte der Niedersächsischen Sprache u. s. w. Magdeburg 1800. S. 248—250 berührt.

So weit mir bekannt ist, haben sich zwei Handschriften der Reimchronik erhalten. Die eine befindet sich auf der herzoglichen Bibliothek zu Wolfenbüttel durch die Güte des dortigen Bibliothekars, Herrn Professor von Heinemann konnte ich dieselbe auf der Bibliothek der hiesigen Universität benutzen.¹) Sie besteht aus 40 Blättern in 4 Lagen, jede zu 10 Blättern. Das Pergament ist stark und schön, seine Farbe gelblich. Die Schrift von einer festen gleichmässigen Hand des 15. Jahrhunderts ist kräftig und gut lesbar. Durch doppelte Linien ist oben ein Rand von 1", an der Seite von 2½", unten von 2" abgegrenzt, die Höhe der Blätter beträgt 9½", die Breite 7½". In das durch jene Linien gebildete mittlere Viereck ist mit dunkler Dinte der Text geschrieben, die Zahl der Zeilen wechselt zwischen 25 bis 30 auf jeder Seite. Der Anfangsbuchstabe jeder Zeile ist mit rother Dinte leicht ausgeziert, mit derselben Farbe sind die am Rande stehenden von derselben Hand ausgeführten kurzen Inhaltsangaben, sowie die nahe an den Text gerückten Capitelnummern geschrieben. Die zweite Seite von Blatt 38 enthält nur im oberen Viertel die Schlussverse, gleich darunter steht von anderer späterer Hand in bedeutend grösserer Schrift und mit viel schwärzerer Dinte angefügt:

Anno domini milesimo quadragentesimo octumagesimo quarto in die sancti Martini episcopi obiit nobilis et generosa domina Elisabeth de Dorstad abbatissa secularis ecclesiae Herisiensis ae prepositissa ecclesiae Gandersemensis, cuius anima requiescat in pace. Amen. ²)

Das Uebrige ist unbeschrieben.

---

¹) Die Bibliotheksbezeichnung ist: 503 Helmt. s. Archiv d. Gesellschaft für ältere deutsche Geschichtskunde Bd. VII. S. 222. Schönemann: Zweites u. drittes Hundert Merkwürdigkeiten aus der Bibliothek zu Wolfenbüttel. Hannover 1852. Nr. 216.

²) Dies ist eine noch jetzt in der Krypta der Gandersheimer Kirche befindliche Grabschrift; ein Zeugniss dafür, dass sich einst unser Codex in Gandersheim selbst befand, wahrscheinlich also auch dort geschrieben ist.

Ebenfalls jüngern Datums ist der Holzeinband, früher scheint die Handschrift ohne jeglichen Schutz gewesen zu sein, da das erste wie das letzte Blatt eine dunklere Farbe und abgegriffeneres Pergament zeigen.

Die Frage, ob die Marginalnoten der Handschrift vom Autor selbst herrühren und schon aus dem Autographon in dieselbe übergegangen sind, lässt sich bei ihrer geringen Zahl und kurzen Fassung nicht sicher entscheiden, nur mit einiger Wahrscheinlichkeit der spätere Ursprung behaupten. Man sollte sonst erwarten, dass sich bei den, Widukind entlehnten Stellen auch in den Randbemerkungen hie und da ein Anklang an ihn finden müsste, und das ist nicht der Fall. Sodann zeigen die Notizen zu III, 1: de ducissa Oden; zu III, 49: iterum de virtutibus domine Oden; zu X, 10: Lutgard filia Oden und zu XXVII, 4: castrum Grone, wofür Widukind I, 24 Grona hat, dieselben deutschen Flexionsendungen wie der Text, so dass sie nach diesem gemacht erscheinen.

Endlich ist in der Nota zu VII, 6 ff.: Erve nyt laten an erven loff eine Verwandschaft mit Ssp. I, 52 [1]) nicht zu verkennen. Sie darf daher wohl als Zeugniss späterer Entstehungszeit gelten. Aus den spärlichen über den Text geschriebenen, meist lateinischen Glossen lässt sich gar kein Schluss ziehen.

Eine zweite Handschrift findet sich im Archiv f. ältere deutsche Geschichtskunde Bd. VI. S. 317 u. 318 aus dem Repertorium des Martin Georg und Julius Niclas Kovachich von Schenkwitz als zu Kalosza befindlich verzeichnet. Dort heisst es Nro. 4969: Prologus de fundatione Gundersemensis [2]) ecclesiae de Latino in Teutonicum translatus A. D. MCCVI. Incarnationis dominicae. Ms. in 4. absolvitur capitibus 41. Est versu Germanico tamquam Hollandico vulgo minus intelligibili scriptum, exemplar manu recentiori. Habetur in eadem bibliotheca Colocensi.

---

[1]) Ane erben gelob und âne echt ding en mûz nieman sin eigen noch sine lute gebn.

[2]) Dafür ist schon im Register (S. 927) richtig Gandersemensis verbessert.

Diese Ueberschrift — dominicae findet sich wörtlich im Wolfenbüttler Manuscript wieder. Dies, sowie die richtige Angabe der Capitelzahl und die Bemerkung über den Dialect lassen keinen Zweifel, dass hier ein Codex unserer Reimchronik vorliegt. Der beiden gemeinsame Fehler in der Jahreszahl der Abfassungszeit (1206 statt 1216) lassen eine nahe Verwandschaft muthmassen, vielleicht ist die Kaloszenser als exemplar manu recentiori eine Abschrift der Anderen.

Gedruckt ist die Reimchronik dreimal, zuerst im Jahre 1709 von J. G. Leuckfeld in seinen antiquitates Gandersheimenses S. 353—408, dann 1711 bei Leibniz in den Scriptores rerum Brunsvicensium Bd. III. S. 149—171, endlich 1734 [1]) bei Harenberg in der: historia diplomatica ecclesiae Gandersheimensis S. 476—497.

Die beiden letzten Herausgeber berufen sich ausdrücklich auf eine Handschrift [2]), und alle drei haben, wie sich daraus ergiebt, dass sie gemeinsam jenen von jüngerer Hand gemachten Zusatz mittheilen und einzelne Glossen der Handschrift, wenn auch nicht jeder alle, abdrucken, eben den Wolfenbüttler Codex benutzt, aber seinen Text sehr mangelhaft wiedergegeben.

Ueber das Leben und die Person des Autors sind wir so gut wie gar nicht unterrichtet, fast allein auf die Notizen beschränkt, die er selbst von sich gibt und diese sind dürftig genug. Nachdem er von der Stiftung des Klosters im Jahre 856 erzählt hat, sagt er XVII, 11: [3])

> Von den iaren waren vorgangen, dat is war,
> Verdehalff hundert unde dar over theyn iar,
> Do düt bokelin to düde wart ghekart
> Von eynem papen de heit Everhart,

---

[1]) nicht 1754, wie Potthast angibt.

[2]) Leibnitz sagt kurz: ex msto; Harenberg: .... editiones G. G. Leibnitii ..... et J. G. Leukfeldii secutus sum easque cum msto contuli.

[3]) Ich gebe den Text durchgängig nach der Wolfenbüttler Handschrift.

De biddet, we se lese, edder sidde dar by,
Dat he vor syne arme zele biddende sy,
So dat se allen hilghen zelen ghelike
Mit gode blive an dem hymmelrike.

Es ergibt sich also, dass er im Jahre 1216 schreibt, und damit stimmt es, dass er am Schluss der Reimchronik als damalige Aebtissin, Mathilde von Waltingerode, als Bischof von Hildesheim Hartbrecht und als Papst Innocenz III. nennt, auch schon von Friedrich II. als Nachfolger Kaiser Ottos weiss, als letzte Facta, die Weihe seiner Aebtissin [1]) durch den päpstlichen Legaten Guido von Praeneste, ihre Romfahrt, endlich die ihr dort von diesem Papste ertheilte Urkunde erwähnt, die vom 11. Mai 1208 datirt ist und den zu dieser Zeit wieder entflammten Gandersheimer Streit zu Gunsten dieses Stiftes entschied [2]).

Also nicht mehr als seinen Namen und Stand und wann er sein Werk verfasst, erfahren wir hier von ihm, und auch einer andern Stelle (Prlg. v. 81) ist nur zu entnehmen, dass er dem Kloster selbst angehörte, was zwei Gandersheimer Urkunden aus den Jahren 1204 und 1206 bestätigen [3]). Die erstere trägt die Unterschrift: datum per manus Everhardi diaconi nostri notarii, die zweite: per manus Everhardi diaconi. Dass dieser Eberhard mit dem Verfasser der Reimchronik identisch sei, wird keinem Zweifel unterliegen; wir sehen ihn also in jenen Jahren im Dienste des Klosters und seiner Aebtissin mehrfach thätig, weitere Zeugnisse finden sich nicht [4]). In der Bestätigung der zweiten Urkunde durch Mathildens Nachfolgerin, Aebtissin Bertha vom Jahr 1225 kommt Eberhard nicht vor, er scheint also vorher gestorben zu sein.

---

[1]) s. Lüntzel: Geschichte der Diöcese und Stadt Hildesheim. Bd. II. S. 149 ff.

[2]) Die Angabe (c. XLI.), dass Mathilde 28 Jahr regiert habe, muss mit Waitz (Kaiserchronik S. 39. Anm.) als spätere Glosse angesehen werden, wenn sie gleich im Codex von derselben Hand geschrieben steht.

[3]) Harenberg a. a. O. S. 736 u. 737.

[4]) s. Harenberg S. 726. 728.

Ueber sein Verhältniss zur Reimchronik spricht sich Eberhard schon in der oben angeführten Stelle aus, er characterisirt sich als Uebersetzer, ebenso auch im Prolog v. 83.

So will ek dorch unghelarder lüde
Von latine keren to düde,
Dat von dem sulven hertoghen steit gescreven

und damit im Einklange beruft er sich X, 8 auf das lateinische Buch:

So mek dat latinsche bok berichte,
Darvon ek dit bok to düdeschen hebbe gekart.

Er bezweckte also, darf man wol sagen, eine populäre Wiedergabe seiner lateinischen Vorlage.

Sein Werk selbst ist eine niederdeutsche Reimchronik von 1434 Versen in 41 Capiteln, angehängt sind demselben ein Könige- und Aebtissinnenverzeichniss. Die Geschichte des Klosters ist von der Gründung bis auf Heinrich II., genauer bis zur Kirchenweihe 1007, die Schenkung von Dernburg 1008 durch ihn geführt [1]), dann bricht der Verfasser kurz ab und feiert zum Schluss nur noch, wie schon angegeben, die zu seiner Zeit lebende Aebtissin und ihr Wirken in wenigen Versen. Er schliesst selbst mit dem Geständniss, sein Wissen sei zu Ende: c. XLI, 57: Synt von Gandersem en weit ek nicht mere. Wir werden nach diesen bescheidenen Bekenntnissen nicht grade zu hohe Anforderungen in Bezug auf formelle Vollendung, Gedankentiefe und Inhaltsfülle an den Dichter stellen dürfen und seinem Werke von vorne herein nicht einen zu hohen Kunstwerth beilegen wollen, den es denn auch in der That nicht hat. Was uns interessirt, ist gerade die Armuth, die Abhängigkeit des Autors und sollte seine Person, wie sein Werk dadurch in unsern Augen verlieren, so richtet sich dafür unsre Aufmerksamkeit um so mehr auf die diesem zu Grunde liegende Quelle, von der ein nicht zu verschwommenes Bild zu erhalten, man nach den Worten Eberhards hoffen darf.

---

1) S. Hirsch: Jahrbücher Heinrichs II. Bd. II. S. 2. Böttger a. a. O. S. 95.

Einen Theil des Werkes nun sind wir im Stande, auf seine Quelle zu controliren, aus der Art der Benutzung wird sich ein Schluss machen lassen auf die Partien, für die uns die Mittel der Controle fehlen.

Eine Hauptgrundlage der Reimchronik ist Widukind gewesen [1]). War dies auch schon bekannt, so ist doch die Art und Weise der Benutzung bisher keiner Prüfung unterworfen worden. Ich beschränke mich hier vorläufig darauf, die Entlehnung aus Widukind überhaupt zu constatiren, die Frage, ob und in wie weit sich daraus auf einen festen Plan des Autors schliessen lässt, ist später, wo von der ganzen Anlage der Chronik auf Grund der hier gewonnenen Resultate gehandelt wird, zu erörtern.

Zur Klarlegung des Verhältnisses diene folgendes Beispiel:

Eb. c. XXXI, 51.	Wid. I. 40.
Unde alse he sinen willen dar ane vullenbrachte, He dachte wü ok ome Rome underdan, Unde do (? he) schere de reise wolde hestan, On beghunde leider dotlike süke begripen, Unde do he deme dode nicht en konde entwiken, Des rikes vorsten heit he ome ghewynnen, Synen eldesten sone, den he sach von wysen synnen, Unde sek holden an allen dinghen vromelik, Den satte he to beholdene dat konnigrik, De sulve here was de grote Otte ghenant,	..... Perdomitis igitur cunctis circumquaque gentibus postremo Romam proficisci statuit sed infirmitate corporis correptus iter intermisit. c. 41. Cumque se iam gravari morbo sensisset convocato omni populo designavit filium suum Oddonem regem caeterisque filiis praedia cum thesauris distribuens, ipsum vero Oddonem, qui maximus et optimus fuit fratribus et omni Francorum imperio praefecit.

---

[1]) Wattenbach a. a. O. S. 216. Köpke a. a. O. S. 234.

Synen anderen sone gaff he ok schad unde lant, Dat se sek an groter herschup mochten began, Unde do he dut an guder voghe hadde ghedan, Synen gheist antworde he synen scheppere.	Testamento itaque legitime facto et rebus omnibus rite compositis defunctus est . . . .

Wir sehen, die Uebersetzung ist, wenn auch bequem und weitschweifig, doch getreu und mitunter nicht ohne Geschick gemacht.

Daneben ist die Berufung auf Urkunden, handfesten eine sehr häufige [1]). Eberhard versäumt es nicht bei jedem Herzog und König, bei jeder der Aebtissinnen, anzugeben, was sie dem Kloster verliehen, und wenn ihm die einzelnen Schenkungen unbekannt sind, hebt er doch die Huld der Geber im allgemeinen hervor.

Namentlich mit der — allerdings anerkannt falschen [2]) — Urkunde Herzog Ludolfs für Brunshausen, wohin das Kloster zuerst gelegt war, zeigt sich eine gewisse Aehnlichkeit:

Quia scriptum est, precium animae viri, divitiae eius.

Idcirco ego Ludolfus dux Saxoniae notum esse cupio omnibus Christi fidelibus tam praesentibus quam futuris, quod ego post inchoationem monasterii puellarum, quod divina inspiratione commonitus, simulque dilectae coniugis meae Odae suadela inductus in honore praecursoris Stephanique protomartyris in Brunistashusen aedificare coepi, literis domini nostri Ludovici Romanorum regis ad sanctissimum Sergium papam acceptis, cum praedicta conjuge mea anno dominicae incarnationis octingentesimo quinquagesimo tertio, indictione prima, Romam ivi et in presentia ipsius summi pontificis praenominatum monasterium et omnem proprietatis meae hereditatem, quam habui, videlicet Gandershemiamarcu et

---

[1]) Köpke a. a. O. S. 4.
[2]) Köpke a. a. O. S. 253 ff. Die Urkunde ist zuletzt abgedruckt bei Pertz: Probedruck eines Urkundenbuchs der Welfischen Lande. S. 4. Anm.

Aluungemarcu et Runderingemarcu et Lachtiandorpmarcu et alia loca plurima cum familiis utriusque sexus, apostolorum principi pro remedio animae meae et eorum simul, quibus debitor extiti, in ius et proprietatem integraliter tradidi, sanctorum etiam Romanorum pontificum Anastasii et Innocentii pignora gloriosa nobis caritatis affectu tradens, petiit et accepit a nobis promissum, ecclesiam in honore praedictorum confessorum fabricandam et lumen ante ipsorum pignora indeficienter amministrandum. Ut autem haec omnia per succedentia sibi secula firma et indissolubilia persistant, privilegium plenae ac perpetuae libertatis in papyro conscriptum, ubi omnia praedicta continentur, monasterio nostro libere utendum contradidit. Nos etiam in continenti duas stolas albas, triginta aureis intextas eidem beato Sergio papae tradidimus, statuentes, ut abbatissa, quae pro tempore fuerit, eundem censum sanctae Romanae ecclesiae in signum libertatis singulis annis persolvat.

Cum autem divina cooperante gratia prospere domum rediissemus, gratanter a sancto collegio recepti, eundem locum sacro collegii puellarum coetui videntes nimis angustum, in quadam silva nostrae hereditatis iuxta fluvium Gande, qui alio nomine Ettherna nuncupatur, anno ab incarnatione Domini DCCCLVI. indictione IIII. ecclesiam in honore praedictorum confessorum non longe a loco priori celebriori edificio construximus. Precamur igitur vos legentes vel audientes huius nostre donationis paginam ut celestis regni clavigerum pro nobis suppliciter exoretis, quatenus post funera carnis nostre paradisi ianuas, tradita sibi potestate, nobis aperiat, atque in extremo examine ante tribunal eterni iudicis supplex pro nobis advocatus existat. Amen.

Eb. III, 59—64.
 Mit leffliken worden spade unde vro,
 Trad se orem heren deme hertoghen to,
 Dat he synen schepper vor oghen hedde,
 So dat he des gudes itteswad dede,
 Darmede, wan he storve
 Mit gode dat ewighe levent erworve.
 . . . .

v. 85—88.
>   Unde gy scholen weten harde werlik,
>   Mechtich unde heyr sin se an himmelrik,
>   Der eyne is sanctus Johannes baptista,
>   Der andere sanctus Stephanus darna.
. . . . , ...

IV, 1—33.
>   Noch mer schall ek von deme stichte saghen,
>   Do ot de here mit eren hadde erhaven,
>   Up synen erve Brunteshusen ghenant,
>   De stede is noch menghen lüden bekant,
>   Ome wart vil statliken to mode,
>   Dat he unde mit ome sin wiff vrowe Ode,
>   To Rome an bedevard wolden varen,
>   Unsen heren god baden se sek bewaren,
>   Dat closter dat se hadden begunnen.
>   To Rome voren se mit heilgen wunnen,
>   Unde do se dar mit oytmode quemen,
>   Unde seghenunge des pawes nemen,
>   Unde losunge von oren sunde vande,
>   Wat de here eghens hadde by de Gande,
>   — Also het dat water dat dorch Gandersem gheit —
>   Ek weit, dat et ome de hilghe gheist reit,
>   Dat gaff he sinte Peter vor orer beyder sunde,
>   De pawes gaff ok ome syne orkunde
>   Mit eynem breve, de is hantfeste ghenant,
>   Upp dat de stede sin were unde bekant
>   Beyde to Rome unde an Sassenlande,
>   Dar men on unde syne herschap bekande,
>   Unde so der pawes des moid geseyge,
>   Unde syne werk to dem besten woyge,
>   So men noch vindet an orkundliker scrifft,
>   He gaff ome schone unde herliche gifft,
>   Wat he dar upp sin erve ghebuwet hedde,
>   Unde ok von dem daghe forwerder dede,
>   An godes unde syner hilghen ere,
>   Dat ed ummer frig unde leddich were

Van allen heren, de bisschopdom gewalden,
Wen alleyn de stol to Rome scholde behalden,
De gheistliken ghewalt over syn stichte.
. . . .
cap. V, 1—13.
So des heren gifft ghevestent were,
De pawes gaff ome noch lever unde mere,
Danne efft he ome so vele hedde gegheven,
Dat he ghelik eynen keysere mochte leven,
Unde so we vinden an veler older scrifft
Ghebeynte twiger hilghen was de gifft,
Or beyder nomen sin ok gheheten alsus,
De eyne Anastasius, de andere Innocentius,
Hilghe pewese weren se to Rome,
Unde nochtant mit anderm hilghedome,
Dat der twelff Aposteln is ghenant,
Sande der pawes den heren an Sassenland.
Der ghude paves was gheheten Sergius
. . . .

Diese Zusammenstellung macht es klar, dass Eberhards Vorlage hier einen dem urkundlichen verwandten Character trug, aber so gross die Aehnlichkeit ist, bleibt es doch mehr als fraglich, ob diese Urkunde ihm vorgelegen haben kann, denn die Anklänge sind durchweg formeller Natur und decken sich nicht ganz, — z. B. finden Eberhards offenbar genau übersetzte Wendungen IV, 27:
    wat he dar up sin erve ghebuvet hedde,
    unde ok von dem daghe forwerder dede —
in dem lateinischen Text keinen entsprechenden Ausdruck — können daher auch in einer anderen Aufzeichnung ähnlich lautend gestanden haben. Und sehr gross sind die materiellen Verschiedenheiten: Ludolfs Schenkungen, in der Urkunde specialisirt, kennt Eberhard nur im allgemeinen, er weiss nichts von der ewigen Lampe, nichts von der Jahreszahl der Romfahrt, den Empfehlungsbriefen König Ludwigs, dem jährlichen Zins von zwei weissen Stolen, noch kennt er den Namen Etherna für den sonst Gande genannten Fluss, — als eigenen Zusatz

dagegen hat er, dass Papst Sergius ausser den Gebeinen der heiligen Anastasius und Innocentius, noch Reliquien der zwölf Apostel geschenkt habe. Aber auch die gleichfalls gefälschte Urkunde Ludolfs für Gandersheim [1]) kann Eberhard nicht vorgelegen haben. Zwar scheint in der schon vorher ausgehobenen Stelle (IV, 27) sich ein Anklang an: edificiis, vel prius habitis vel postea constructis der Urkunde zu finden, aber abgesehen davon, dass die beiden Stellen nicht völlig stimmen, vielmehr nach dem deutschen Text anstatt constructis, construendis zu erwarten wäre, fällt dagegen ins Gewicht, dass die formelle Aehnlichkeit der Reimchronik entschieden grösser ist mit der Urkunde für Brunshausen als mit dieser. Mussten wir aber dort aus sachlichen Gründen die Benutzung abweisen, so auch hier. In gleicher Weise findet sich in der Gandersheimer Urkunde die detaillirte Aufzählung der Schenkungen [2]), sodann werden in ihr ausser den schon von Eberhard aufgezählten Reliquien noch solche von Christus und der Jungfrau Maria genannt. Jene kennt Eberhard, wie bemerkt, nur im allgemeinen, bei letzteren hat er selbst den der alten Klostertradition unbekannten Zusatz von den Gebeinen der zwölf Apostel, doch aber nicht das ganze Plus dieser Urkunde, die darin auch nicht zum Vortheil beider von der Brunshausener abweicht.

Ein erheblicher Gegengrund endlich ist, dass Eberhard überhaupt hier nichts von einer Urkunde Ludolfs weiss, nur eine des Sergius erwähnt. Da nun in die Gandersheimer Urkunde ein breve dieses Papstes eingeschaltet ist, würde die Annahme nahe liegen, dass Eberhard eine diesem ähnliche Ausfertigung vor sich gehabt hätte — freilich auch wohl schon eine Fälschung da nach Eberhards Worten durch sie Gandersheim die libertas Romana ertheilt sein soll [3]) — wenn sich dagegen nicht von andrer Seite Bedenken erhöben.

---

1) Pertz: a. a. O. S. 4.
2) nur Dengdia marcu und Lachtiandorp marcu hat sie nicht.
3) Köpke a. a. O. S. 254. E. Dümmler: Geschichte des ostfränkischen Reichs. I, 350.

Im übrigen lässt sich ein Anklang an urkundliche Aufzeichnung nicht verfolgen [1]). Von Ludolf berichtet der Chronist, wie er von König Ludwig die Erhebung Gandersheims zur Reichsabtei erwirkt habe (VII, 14.), und es wird dies sowie die Schenkungen der Dörfer Erich und Tennstedt seitens des Königs an das Stift (XI, 68 ff.) durch die Urkunde Ludwigs bestätigt (Leibn. II. S. 372). Die Verleihung Wanzlebens, die nach Otto des Grossen Urkunde vom 5. Mai 946 durch Oda geschah, schreibt Eberhard fälschlich ebenfalls Ludwig zu.

Von Arnolf, erwähnt er, seien: twene wynhove am Rhein, Krucht und Kalchheim geheissen, ans Kloster gegeben, (XV, 54) und dieselben nennt die Urkunde Ottos I., auch Hrotsuit: prim. Gandersh. eccles. v. 454. kennt vineta als Arnolfs Geschenk; für das zugleich genannte Blidersdorf fehlt es an jedem sonstigen Zeugnisse.

Herzog Otto, die Könige Heinrich und die Ottonen bestätigen nach Eberhards Erzählung die alten Privilegien, beschenken das Kloster aus ihrem Besitz [2]), Einzelheiten aber kennt er nicht. Von König Heinrich II. berichtet er die Verleihung der Grafschaft Dernburg, was durch eine Urkunde [3]) vom Jahr 1008 bezeugt wird.

Endlich nennt Eberhard noch zwei Handfesten der Päpste Agapet II. [4]) und Johann XIII., von den Aebtissinnen Windelgard und Gerborg erworben; die erstere, bemerkt er ausdrücklich, bestätigte Gandersheim als römische Abtei, den Inhalt der zweiten gibt er nicht genauer an.

Dass Eberhard auf diese mit Nachdruck aufmerksam macht, findet seine besondere Erklärung in der Zeit, in der er schrieb. Die Aebtissin Mathilde, unter der er lebte, hatte, wie er selbst am Schluss der Reimchronik mit sichtlicher

---

[1]) Nur vielleicht in Arnolfs Schenkung XV, 41, 42.
[2]) Lüntzel a. a. O. S. 64 ff.
[3]) Harenberg a. a. O. S. 656.
[4]) Lüntzel. Bd. I, S. 65 und Köpke S. 259 erklären die Bulle Agapets für unecht; zu bemerken ist, dass in die Bulle Innocenz III. eine kürzere Fassung der Agapets inserirt ist. (Leukfeld a. a. O. S. 80).

Freude erzählt, in dem langjährigen Streit gegen Hildesheim obgesiegt, sie hatte in Rom die entscheidende Urkunde selber aus Innocenz Händen erhalten, und diese beruft sich ausdrücklich auf die alten von Agapet und Johann ertheilten Privilegien. Damit im engsten Zusammenhang steht es, dass Eberhard überall aufs nachdrücklichste betont, dass Gandersheim reichsunmittelbar sei, dass es zu den römischen Abteien zähle [1]. Wir erkennen darin, wie getreulich er der Politik seiner Herrin folgt und in ihrem Dienste thätig ist.

Als dritte Quelle für Eberhard glaubt Köpke Hrotsuits: primordia Gandersh. ecclesiae nachweisen zu können. Doch ist er selber nur im Stande, drei Stellen für seine Behauptung beizubringen, auf die gestützt er annimmt, dass in Eberhards lateinischer Vorlage Hrotsuits Gründungsgeschichte in Prosa aufgelöst sei [2].

Seine drei Belege bringt er S. 4 und S. 233; ich füge noch eine vierte Stelle bei, in der man ebenfalls eine Aehnlichkeit könnte finden wollen.

Beim Tode Herzog Ottos heisst es Eb. XXI, 6. u. 22:
Wu grote claghe ok von den landlüden were
. . . . ,
Dat se den dot beide schulden unde baden,
Dat he nicht en sumede, wenn dat he queme,
Unde ön dat levent to hand neme,
Went ön to stervende lever were.

Prim. 537, 544:
Undique nostrates confluxerunt lacrimantes
. . . .
Vivere spernentes, citiusque mori cupientes.

Schon die geringe Anzahl der Parallelstellen fällt gegen Köpkes Ansicht ins Gewicht, es findet sich kein Erklärungsgrund, warum der Autor grade nur diese in sein Werk aufgenommen und nicht, wenn er Hrotsuits Gedicht kannte, in weit grösserem Umfange von ihrem reichen Inhalt Gebrauch

---

[1] Ficker: Reichsfürftenstand: S. 224, 225. 239.
[2] a. a. O. S. 223.

gemacht hätte. Aber die ganze Zusammenstellung ist bedenklich. In der dritten Stelle bei Köpke erzählen beide Autoren von zwei ganz verschiedenen Vorgängen, Hrotsuit berichtet vom Bau der Kirchenmauern, Eberhard, es sei eine Umfassungsmauer um das Stift aufgeführt. Für die zweite ist oben eine Vorlage urkundlichen Characters wahrscheinlich gemacht worden, und jedenfalls wird man eher einen Anklang an die Urkunde Ludolfs, die Köpke als Fälschung aus Hrotsuit entstehen lässt [1]), als an diese selbst, darin finden wollen. So bleibt als thatsächliches die einfache genealogische Notiz von der Abstammung Odas übrig und selbst den Gleichklang der Satzfügung zugegeben, bleibt Köpke die Antwort schuldig, wie er das Weglassen der bei Hrotsuit genannten Aeda als der Mutter Odas erklären will und woher Eberhard den Namen von Ludolfs Vater Brun geschöpft habe, den jene nicht kennt.

Ist so auch in den wenigen beigebrachten Stellen die Zahl der Bedenken eine nicht geringe, so wird die Benutzung Hrotsuits dadurch ganz unwahrscheinlich, dass eben nur hier und sonst nirgends sich ein Zusammenhang nachweisen liesse und die Aehnlichkeiten sich auf den Gebrauch gleichklingender Redewendungen beschränken [2]).

Fehlt uns sonach das Material um volle Sicherheit über Eberhards Quelle in diesen Capiteln zu erlangen, so wird es doch möglich sein, mit Hülfe der Analogie einige Aufschlüsse über dieselbe zu erlangen, die einen gewissen Grad von Wahrscheinlichkeit für sich werden in Anspruch nehmen können.

---

[1]) a. a. O. S. 253.

[2]) „Was die Uebereinstimmung in einzelnen Ausdrücken betrifft, so zeigt die Vergleichung verschiedener Werke, namentlich derselben Zeit eine grosse Gleichförmigkeit von Worten und Wendungen, wie das Dr. Pannenborg von den Dichtern nachgewiesen hat, aber nicht weniger von den Prosaikern gilt: daraus darf also nicht zu viel gefolgert werden." Waitz i. d. Forschungen z. d. Geschichte. Bd. XI. Hft. III. S. 498.

Köpke legt eben darum einen besondern Werth auf die beigebrachten Stellen, um Aschbach gegenüber Bekanntschaft mit Hrotsuit und Benutzung derselben im Mittelalter nachweisen zu können.

Die Hauptpuncte der Erzählung sind etwa folgende: Auf Wunsch seiner Gemahlin beschliesst der Herzog die Gründung des Klosters, es folgt die Reise beider nach Rom, der Papst ertheilt ihnen Vergebung der Sünden, verleiht dem Kloster einen Schutzbrief, fügt Reliquiengeschenke hinzu; nach der Heimkehr wird das Kloster an geeignet befundener Stelle, nicht fern von einem Wasser in tiefer Wildniss, nachdem die Waldung gelichtet ist, erbaut. Dies alles aber sind Züge, die sich in merkwürdig ähnlicher Weise auch sonst in den lateinisch erhaltenen Klostergründungsgeschichten wiederholen.

Man vergleiche nur mit dem oben S. 13 ff. der Urkunde parallel gedruckten Text die fundatio monasterii Brunsvilarensis [1]).

Post hoc gloriosissimus heros pari nobilissimae suae conjugis voto tractat, quonam in loco oratorium servisque dei congrua divinas excubias agentibus habitacula construat, cuius voti propositum sibi divinitus insitum, ut ratum inveniat consilium sanctissimi viri Romani pontificis Johannis ambo Romam profecti expetunt, commissa, quae vel domesticis occupati curis vel publicis regni negotiis obnoxii nullatenus vitare praevaluerant, per confessionem aperiunt, quibus idem papa post absolutionem cum pretiosissimis sanctorum reliquiis cruciculam donat auream propter confirmandam in eis apostolicam benedictionem, simul sua eis iniungens auctoritate, quatenus, ut voverant deo in propria haereditate monachorum instituant collegium, quorum et auctioris vitae conversatio et iugis die ac nocte ad deum professa oratio sibi plenum etiam coelestis vitae conferre posset remedium.

c. 15. . . . . igitur ille sedulus explorat ubinam locorum quae propriae possessionis essent placitum deo in fundando sanctae religionis coenobio suum expleat . . . . . insulam . . . . . dijudicans ad hoc aptissimam esse, seu propter Reni fluenta seu propter maximae amoenitatis locis in

---

[1]) Wattenbach a. a. O. S. 345.
Archiv f. d. Geschichte des Niederrheins. Bd IV. Heft I. S. 191.
Arch. d. Gesellschaft f. ältere deutsche Geschichtskunde. Bd XII. S. 168.

ipsis iucunda quaedam oblectamenta. Und ebenso folgt später die Ausrodung der Waldung [1]).

Hier könnte mutatis mutandis der lateinische Text durchaus als die Grundlage des deutschen bei Eberhard angesehen werden.

Aehnliches erzählen auch die Annales Pegavienses (S. S. XVI. S. 243 ff.); auch hier die Reise nach Rom, die Sündenvergebung, die Schenkung von Reliquien; ebenso wird der Ort für den Klosterbau amoenus et amplus genannt.

Die Intervention der Frau ist ebenso hervorgehoben im Chronicon montis sereni (ed. Eckstein S. 3): Uxor quoque illius . . . non minori erga locum ipsum sollicitudine vigilabat non solum mariti devotionem suis ex hortationibus ad meliora semper incitando . . . .

Was endlich einen Ort für einen Klosterbau besonders geeignet erscheinen liess, zählt das chronicon Zwifaltense folgendermassen auf: (S. S. X, S. 72.)

Interea perquiritur . . . . locus spiritalibus disciplinis aptus et invenitur viculus . . . . . . Hic congruus idcirco iudicabatur, quod in captura piscium pascua pecorum ac venustate locorum iocundus et habilis videbatur. Verum quia montanus et locus et aquam ad singulos usus ibidem habere nequibant ad alium querendum se convertebant.

und später:

Sed ut concludamus de loci huius amoenitate, salubris et aere, iocundus flumine, fecundus tellure, arboribus nemorosus ac pratorum vernantia gratiosus; preterea lapideis montibus circumseptus, si quaelibet edificia construere velis, etiam saxorum copiam illic habebis [2]).

---

[1]) s. a. Wedekind: Noten zu einigen Geschichtsschreibern d. M. A. II. S. 130, der die Wendung aus d. Translation des heil. Autor: „locum tunc nemorosum et solitarium", „eine sehr gewöhnliche Phrase zur Ausschmückung der Stiftsgeschichte" nennt.

[2]) Man erinnere sich dabei an den nach Hrotsuits Erzählung eingetretenen Mangel an Steinen beim Bau der Gandersheimer Kirche, dem erst ein Wunder abhilft.

Wir sehen, dass bei den Klostergründungen sich dieselben Vorgänge in sehr gleicher Weise wiederholen, dass die Ausdrucksweise einen fast conventionellen Character trägt, für den irgend ein Vorbild massgebend gewesen sein muss, das vielleicht einmal eine glückliche Entdeckung ans Licht fördern mag. Für unsern Eberhard darf daraus gefolgert werden, dass seine Quelle hier ähnlich gearbeitet und in ihren Text die Bulle des Papstes Sergius eingefügt war, sei es in ihrer ganzen Fassung, wie in den Annales Pegavienses Paschalis Urkunde für Pegau (S. S. XVI. S. 248) oder in die Erzählung verwebt wie dies eben daselbst S. 245 zweimal geschieht. Für letzteres spricht der Umstand, dass die Aehnlichkeit mit urkundlichem Satzbau nicht gerade eine so sehr bedeutende ist und dasselbe wird man daher auch bei den sonstigen Citaten urkundlicher Art annehmen dürfen.

Deutlich aber zeigt sich. wie misslich es bei den nach generellen Vorbildern arbeitenden mittelalterlichen Schriftstellern sein kann, auf Grund blosser Wortanklänge auf eine Verwandschaft zweier Werke schliessen zu wollen.

Soweit war es einigermaassen möglich, den Rheimchronisten in der Benutzung seiner Quellen zu controliren; es ergiebt sich, dass er dieselben getreu übersetzt hat und für sich auch keinen grösseren Ruhm in Anspruch nimmt, es ist also der Schluss berechtigt, dass er auch da, wo uns das Material, ihm zu folgen, fehlt, in derselben Weise verfahren sein wird.

Nach der allgemein beliebten Citirweise beruft er sich auf seine Quelle mit dem unbestimmten Ausdruck: dat bok [1]); am häufigsten: (I, 9; III, 4; VI, 41; XIX, 28; XXV, 4; XXXV, 32, 55; XXXVII, 38.) dat bok secht, auch wohl: (VII, 9; XXXVI, 4) so ek dat an dem boke hebbe bekant; also ek in deme boke hebbe vornomen (XXVIII, 2.) einmal auch:

---

[1]) Wackernagel: Literaturgeschichte S. 145, 149 Anm. 10, S. 156 u. ö. Massmann: Kaiserchronik Bd. III. S. 384 ff.

also ok in deme latine gescreven steit (XXIV, 19) und XLI, 27: alse ek an der scrift ghelesen han.

Einige Male nur weicht er ab. XIV, 21 beruft er sich: secht uns by all der tyd gescreven eyn bok, aber noch in Erzählung derselben Begebenheit, nur 11 Verse später kehrt der allgemeine Ausdruck dat bok wieder. Man wird dies also nur als eine Variante in der Redeweise ansehen, nicht auf Grund dieser Abweichung, eine singuläre Benutzung einer besondern Quelle annehmen dürfen. Und ganz dasselbe gilt, wenn er statt des sonst gebräuchlichen Singulars sich bei der Angabe des Stiftungsjahres von Gandersheim XVII, 5 auf böke beruft oder gleich darauf für das bis dahin erzählte mündliche und schriftliche Ueberlieferung als Gewähr anführt [1]). Die entscheidende Stelle hierfür ist XXXII, 12. Hier ist die Erzählung von Ottos Königskrönung Widukind entnommen und obwol in allem vorher diesem Autor entlehnten ebenfalls dat bok (XXV, 4; XXVIII, 2 u. s, w.) citirt wird, sollen hier plötzlich böke dem Dichter vorgelegen haben. Es ergiebt sich, dass auf diese allgemeinen Berufungen kein Gewicht für die Beurtheilung der Frage, ob eine oder mehrere und wie viele Quellen dem Reimchronisten zu Gebote standen. Er fügt sie ein, wo sie ihm in Vers und Metrum passen, bisweilen in rascher Aufeinanderfolge (XIX, 14 u. 28; XXXV, 1 u. 11), bisweilen in ganzen Abschnitten garnicht (c. XI—XIII; XXIX—XXXI; c. XXXIX).

Ausser jener Stelle XVIII, 3, in der Eberhard nach seiner eigenen Versicherung mündlicher und schriftlicher Tradition gefolgt sein will, beruft er sich des Breiteren noch darauf im Prolog v. 89 ff.: Das Zeugniss der Vorfahren, wodurch, was nie in Bücher aufgezeichnet ward, bewahrt sei, die von Geschlecht zu Geschlecht fortgepflanzte Ueberlieferung aus dem Munde von Männern und Weibern soll ihm bei seiner eigenen eingestandenen Unkenntniss, das Material zu seiner Reimchronik geboten haben, zur Beglaubigung und Bestärkung citirt er in auch sonst bei ihm beliebter Weise (Ps. 43, 2):

Patres nostri annunciaverunt nobis.

---

[1]) XVIII, 3.

In erster Linie wird man geneigt sein, die eingeflochtenen Localsagen, die Eberhard von der Königin Lutgard, vom Kaiser Arnolf, von Herzog Heinrichs Reue und Busse, von den Aebtissinnen Windelgard und Sophie zu erzählen weiss — für den Bericht über die Ungarnschlacht muss wegen seiner Verwandschaft mit andrer Ueberlieferung schriftliche Aufzeichnung als Quelle angenommen werden — hierher zu rechnen, für diese aber verbietet es die überall vorkommende Berufung auf dat bok, die grade hier mit Nachdruck hervorgehoben wird und der — will man jener trauen, entschieden gleiches Gewicht beizulegen ist   Ferner wäre es möglich für manche kleinere Notiz, vielleicht die hie und da sich findenden grossentheils auf Gandersheim sich beziehenden Zusätze zu Widukind, Localtradition als Quelle zu beanspruchen, doch tritt dem theilweise der eben schon bei den grösseren Abschnitten geltend gemachte Grund entgegen, sodann aber: soll es wahrscheinlich sein, dass Eberhard einem Schriftsteller, der für die Urgeschichte seines Klosters sich grossentheils aus Widukind sei es mittelbar oder unmittelbar seinen Stoff entlehnen muss, der nur ein so abgeblasstes, jeglicher individuellen Färbung und Characteristik entbehrendes und lückenhaftes Bild von den Gestalten der Stifter zu geben im Stande ist, noch eine bis auf seine Zeit durch über zwei Jahrhunderte von Geschlecht zu Geschlecht vererbte Tradition zu Gebote gestanden habe, sollte Eberhard alsdann ihr nur so gelegentliche Notizen entnommen haben; oder sie selber so durchaus dürftig geblieben sein? Und wie will man erklären, dass sich in ihr so gar keine Anknüpfungspuncte an die durch Hrotsuit erhaltenen ältesten Klostersagen finden? Dagegen erheben sich gewiss die grössten Bedenken und viel spricht für die Annahme, dass die Localtradition schon grossentheils erloschen war, Eberhards und seiner Quelle oder Quellen Aufzeichnung schon dem Bedürfniss entsprungen sei, eben jene dürftige Kunde früher Vergangenheit der Vergessenheit zu entreissen und wenigstens der Nachwelt zu überliefern, was noch zu überliefern war.

Durch jene Berufung aber auf mündliche und schriftliche

Ueberlieferung, durch sein häufiges Geständniss, seine Kraft und seine Zeit reiche nicht aus, alle Tugenden seiner Helden aufzuzählen, endlich am Schluss, durch seine Bitte um nachsichtige Beurtheilung, zeigt sich Eberhard als bekannt und vertraut mit der allgemein üblichen Schreibweise der mittelalterlichen lateinischen Schriftsteller in ihren Vorreden; ganz dieselben Wendungen kehren auch bei ihnen wieder. Für die lateinisch schreibenden Dichter ist die durchaus stereotype Form hinlänglich nachgewiesen von Pannenborg (Forschgn. z. d. Gesch. Bd. XI. Heft II. Ueber den Ligurinus S. 104 ff.), dort ist auch auf das Prototyp 2 Macc. 2, 30—32 (s. 199) aufmerksam gemacht.

Eben dasselbe gilt von den Prosaikern. Auch für diese hat schon Pannenborg (S. 195) die Forderung der Augenzeugenschaft betont [1]). Regelmässig heben die Schriftsteller diese ihre Eigenschaft hervor, oder wenigstens citiren sie neben schriftlichen Vorlagen wahrhafte Gewährsmänner, von denen ihnen die Kunde für ihre Arbeit zugekommen sei, und diese sind, wie sie sagen, entweder selber dabei gewesen, oder haben ihr Wissen doch von solchen, die mitten in den geschilderten Verhältnissen und Zuständen gelebt haben [2]).

Diesen überlassen sich dann auch die Bürgschaft für die Wahrheit ihrer Erzählung, für sich selbst nehmen sie nur ein

---

[1]) Einhardi vita K. M. (S. S. II, 443): .... quanta potui brevitate complexus sum .... nullum ea veracius quam me scribere posse, quibus ipse interfui, quaeque praesens oculata, ut dicunt, fide cognovi ....
Helmold. chron. Slav. (Separatausgabe S. 12) Porro aliis omissis, quae nostra aetate gesta sunt, quae aut longaevis viris referentibus percepi aut oculata cognitione didici, statui domino propitio cum fido perscribere.

[2]) Ann. Pegav. (S. S. XVI S. 234): sicut veridica eorum relatione comperimus, tum, qui ab aliis audierunt, tum qui viderunt et interfuerunt, quorum plerosque superstites vidimus.
Chron. Zwifalt. (S. S. X, 70): .... sciens nos nihil ex nostro corde falsi confinxisse, sed ea quae vel oculis inspeximus vel ab his, qui viderunt et interfuerunt, audivimus aut in scedulis sparsim invenimus posuisse.

Streben, nichts falsches zu berichten sowie kurze und bündige Schilderung, um den Leser nicht zu ermüden, in Anspruch [1]). Aber auch die mündliche Tradition ist nach den Worten der Schriftsteller selbst nicht immer eine nur und unmittelbar durch Erzählung von Generation zu Generation fortgepflanzte gewesen. Die so häufig vorkommende Verbindung: audire et legere lässt ersteres nicht anders verstehen als hören durch Vorlesen [2]). Es war also möglich, dass die mündliche Ueberlieferung durch zu irgend einer Zeit geschehene schriftliche Fixirung unterbrochen ward, von denen, die diese lasen oder vorlesen hörten, sich wieder mündlich auf spätere Geschlechter forterbte; da muss natürlich die Form der Aufzeichnung

---

[1]) Visa S. Galli (S. S. II, S. 22): et brevitatis compendio succincta fastidiosis lectoribus onera non fiant . . . Inserimus quoque huic operi nonnulla, quae non scripturae testimonio sed veracium virorum relatione didicimus . . . . Et quia nos scripta vel dicta sequimur aliorum, ad illos veritas rerum, ad nos pertinet abbreviatio et adunatio rationum. Chron. Gozecense (S. S. X. S. 142): ut scripturarum et veracium virorum attestatione didicimus paucis pandere curabimus.

[2]) Adam v. Br. (im Prolog): . . . . . interdum legenti vel audienti facta ab antecessoribus quae . . . . videantur digna relatu . . Ann. Gandenses (S. XVI S. 560): . . . qui historias factaque autentica antiquorum libenter lego et audio velociterque scribo . . . . quibus omnibus vel presens vet intuens interfui vel ab hiis qui presentes eis interfuerunt referentibus certitudinaliter agnovi — eaque posteris relinquere, quibus talia legere et audire placuerit, subtilius et emendatius exscribenda . . . . . motus desiderio quorundam fratrum recreativoque solatio, quos quandoque talia audire vel legere delectabat. (Vergl. Hieronymi praef. in Josue . . . . . Quae enim audientis vel legentis utilitas est . . . (s. u. S. 28). Auch in Urkunden findet sich diese Zusammenstellung (Pertz Probedruck S. 5.) in der Urkunde Ludolfs für Gandersheim: Unde parumper legentes vel audientes a me ad illius verba se convertant; u. ähnlich in der für Brunshausen: Precamur igitur vos legentes vel audientes etc.
Vrgl. Exod. 17, 14 . . . . Scribe hoc ob monumentum in libro et trade auribus Josue . . . u. II Esdra VIII, 2, 3; Luc. XVI, 29.
5 Mos. IV, 9: Ne obliviscaris verborum, quae viderunt oculi tui et ne excidant de corde tuo cunctis diebus vitae tuae. Docebis et filios ac nepotes tuos.
Jes. Sir. 39, 1 u. 2; c. 44. Job. VIII, 8, XII, 12. XIII, 1.

auf die Form der ferneren Tradition vom grössten Einfluss gewesen sein, je nach Gesinnung, Fähigkeit und Kenntniss des Schriftstellers.

Das Perfectum: audivisse scheint daneben ganz und gar in der Bedeutung von scire und danach auch für schriftliche Tradition gebräuchlich gewesen zu sein. Rotbertus de monte wenigstens bedient sich des Wortes, wo er begründen will, wesshalb Sigebert, dessen Fortsetzer er ist, nicht dem Prosper gefolgt sei, sondern unabhängig von diesem sich Eusebius u. Orosius angeschlossen habe: quia multa, utpote modernus et multarum historiarum diligens inquisitor, que Prosper necdum, quando hoc scripsit, audierat, addere disponebat [1]). Hier ist nur von schriftlichen Vorlagen die Rede und Sigebert hat — nach Rotberts Worten — da er später lebte und als umsichtiger Forscher mehr und besseres Material hatte, Prospers Arbeit nicht für genügend befunden und sie darum verworfen. Ganz ebenso war referre, relatio, relatus für beide Arten Ueberlieferung in Anwendung; neben der relatio virorum seniorum oder veracium, die den Gegensatz zu dem testimonium scripturarum und der oculata fides des Schriftstellers selbst bildet, zeichnet er doch auf, quae relatu digna videantur, im ersteren Falle also ist mündliche, im letzterem schriftliche Tradition gemeint.

Endlich ist an die formelhafte Art der Benutzung dieser Berufungen zu erinnern. So wenn die Quedlinburger Annalen fast unwillkürlich in hexametrische Form überspringen:
    dictis ac scriptis inexplicabile constat,
oder wenn ganze Vorreden aus einem Werke ins andre übergehen [3]). Wie für die beliebte Kürze die Maccabäerstelle so ist auch für die anderen einzelnen Wendungen die Vulgata das Muster und die Quelle gewesen und namentlich Deut. 32, 7. [4]),

---

[1]) S.S. VI. 480.
[2]) Günther: d. Chronik d. Magdeburger Erzbischöfe S. 52.
[3]) Forschungen a. a. O. S. 218.

neben der auch von Eberhard benutzten Psalmstelle, die ganz unvermittelt in den Text gesetzt sich findet:

Bertoldi chron. Zwifaltense [1]): Unde nos quoque literis intitulatum fratres et filii tradimus vobis, quod et accepimus et patres nostri annuntiaverunt nobis, imo quod vidimus et audivimus et manus nostrae tractaverunt.
Wir sehen daraus, wie unserm Eberhard jene üblichen Stylwendungen und Lieblingsphrasen wohl bekannt waren, man wird daher auch mit Wahrscheinlichkeit jene Stelle des Prologs für seine Vorlage in Anspruch nehmen können, wodurch sich dann freilich die Benutzung mündlicher Tradition für Eberhard selbst ausschliesst. Setzt er doch das bei Widukind I c. 25 vorkommende: ut quidam tradunt auch in seinen Text (c. XXVIII, 5.): so men saghet. Würden uns hier die Mittel zur Controle fehlen, so müsste auf Grund von Eberhards Worten mündliche Ueberlieferung als Quelle angenommen werden!

Die Vorbilder endlich für alle jenen beliebt gewordenen Redewendungen und für die ganze Literaturgattung der mittelalterlichen Vorreden, sind die des Hieronymus zur Vulgata gewesen, in ihr finden sich alle vereint und es reicht daher hin, auf sie zu verweisen [2]).

---

[1]) S. S. X. S. 97.

[2]) Das Haupterforderniss für den Geschichtsschreiber ist auch bei ihm die Augenzeugenschaft. Biblia sacra. ed. V. Loch. Ratisb. 1868:
S. XVIII: Legimus in veteribus historiis quosdam lustrasse provincias, novos adisse populos, maria transisse, ut eos quos ex libris noverant, coram quoque viderent ....
S. XXVIII: Quomodo Graecorum historias magis intelligunt, qui Athenas viderint .... ita sanctam scripturam lucidius intuebitur, qui Judaeam oculis comtemplatus sit et antiquarum urbium memorias locorumque vel eadem vocabula vel mutata cognoverit.
Gebricht dem Autor selbständige Kunde, denn S. XXVI:
aliter audita, aliter visa narrantur, quod melius intelligimus, melius et proferimus, so sucht er sichere verlässliche Gewährsmänner:
S. XVIII: malens aliena verecunde dicere quam sua impudenter ingerere.
So wird es von Marcus hervorgehoben (S. XL.):
auditor ... et interpres fuit; er war kein Augenzeuge. Daher auch die Berufung auf Stellen der Schrift:

Trugen nun auch manche mittelalterliche Schriftsteller diese in ihren Vorlagen gefundenen Redewendungen eben darum in ihre eigenen Werke ein, weil sie so gut auf jene wie auf ihre eigenen Verhältnisse passten, sie ebenso wie ihre Gewährsmänner sich in der Lage befanden, neben schriftlicher mündliche Ueberlieferung benutzen zu können, so erregt doch die stete fast ausnahmslose Wiederholung Zweifel, ob wir in jedem einzelnen Falle diesen Versicherungen Glauben zu schenken berechtigt sind, ob nicht mitunter eine solche Phrase mit in das abgeleitete Werk überging, nur weil ein Autor sie in

---

S. XIX: Et in Deuteronomio legimus: Interroga patrem tuum, et annuntiabit tibi, seniores tuos, et dicent tibi. (32, 7.) (s. S. 27).
Daneben tritt das Streben nach Kürze hervor:
S. XIX: . . . episcopi, quem brevi sermone depinxit.
S. XXIV: Jacobus, Petrus, Joannes, Judas septem epistolas ediderunt tam mysticas quam succinctas et breves pariter ac longas, breves in verbis, longas in sententiis.
Ist dann der Stoff gar zu gewaltig: S. XXIV: Super quo melius tacere puto quam pauca scribere.
Ihr Stil ist einfach und schlicht, ist es doch die Schrift selber: (S. XXIV): Nolo offendaris in scripturis sanctis simplicitate et quasi vilitate verborum. Daher das Bestreben ihm durch Citate Glanz zu verleihen.
So S. XX: Ist sonst jeder in seinem Stand- und Handwerk thätig: Sola scripturarum ars est, quam sibi passim omnes vindicant. Scribimus indocti, doctique poemata passim (Hor. ep. II, 1, 117.). Daher darf auch nicht immer aus dem Vorkommen einer solchen Stelle bei einem Schriftsteller, für diesen eigene Bekanntschaft mit dem citirten Autor gefolgert werden, sie sind häufiger mittelbar als unmittelbar aus einem in den andern übergegangen.
Zu fürchten haben die Schriftsteller die Neider und Verläumder S. XXV: periculosum opus certe et obtrectatorum meorum latratibus potens ...
S. XXIX: accedunt ad hoc invidorum studia; qui omne, quod scribimus, reprehendum putant . . . . vitetisque eorum supercilium, qui iudicare tantum de aliis et ipsi facere nihil noverunt.
Doch fürchtet er sie nicht: Nec affectamus laudes hominum, nec vituperationes expavescimus . . . . . und lieber will er der Welt missfallen als seinen Vorgesetzten ungehorsam werden. S. XXX: Sed melius esse iudicans Pharisaeorum displicere indicio et episcoporum iussionibus deservire, institi, ut potui.

seinem Material fand, ohne dass er sie in vollem Sinne auf seine Arbeit angewendet wissen wollte, oder sich des Zutreffens oder Nichtzutreffens derselben bewusst war. Berichten Schriftsteller über gleichzeitige oder doch ihrer Zeit nahestehende Dinge, über die sich die Tradition einer oder zweier Generationen recht wohl erhalten konnte, so wird die Existenz mündlicher Ueberlieferung glaubhaft erscheinen, kaum aber bei solchen wie Eberhard. Er berichtet über ein längst vergangenes Zeitalter, muss für dieses, wo wir ihn zu controliren vermögen, sich fremden Materials bedienen, und bietet in den Abschnitten für die uns die Mittel der Controle fehlen, auf die allein wir also jene Worte des Prologs beziehen können, eine ganz neue von der ältesten der geschilderten Zeit sehr nahestehenden, durchaus abweichende Klostertradition. Mit einiger Wahrscheinlichkeit dürfen wir jene Stelle des Prologs für seine Vorlage in Anspruch nehmen, aber nicht aus ihr für das Gandersheimer Stift eine durch eine Reihe von Jahrhunderten thätige mündliche Ueberlieferung folgern.

Eine ganz andre Beurtheilung müssen dagegen solche Stellen bei Eberhard, in denen der Dichter sich und sein Werk characterisirt, erfahren (sie sind schon oben S. 8—10 zusammengestellt); ihres genauen Inhalts wegen können sie nicht mit jenen allgemeinen Citaten confundirt werden. Namentlich auf Grund von X, 8 u. 9. hat die Annahme viel Wahrscheinlichkeit für sich, dass Eberhard eine einheitliche Quelle zu Grunde liege.

Damit stimmt überein Prolog v. 87:
Ok en is syn hochnisse nicht vormeden
An eymen boke dat het Cronica
Wer wil, de mag vinden all da.

Köpke (a. a. O. S. 230) hat diese Verse ganz missverstanden. Er citirt sie als Beweisstelle, dass Eberhard „noch ein zweites Hülfsmittel, hier speciell als Cronica bezeichnet" gehabt habe. Zu verstehen ist aber: er kannte wohl ein Werk unter diesem Titel, schliesst es aber aus und verweist den Leser, der sich anderweit unterrichten will, auf dasselbe [1]).

Ebenso weist er in der Erzählung von Heinrichs u. Kunigundens ehelicher Keuschheit auf Bamberger Quellen hin: XLI, 15: Is hir ok yemant de von ön mer wetten wil, de vare to Bavenbergh, da vindet he des gescreven vil.

Ebenso wird c X, 46, eine Bibelstelle aus dem Brief Jacobi eingeflochten, mit den Worten: we de wil, de mach ot wol vinden allda, auf den Brief selbst verwiesen.

Es wäre doch auch zu auffallend, dass Eberhard, hätte er die Chronik benutzt, sie nur im Eingang erwähnen sollte, gerade da er die Berufungen auf eine Vorlage so sehr liebt. Erklären liesse sich dies nur, wenn er die Hauptmasse seines Stoffes der Cronica entnähme, dat bok nur ergänzend und berichtigend benutzte, als Hauptquelle aber ist letzteres nach Eberhards eigenen Worten sichergestellt.

Aber auch im übrigen ist die Annahme einer zweiten Quelle, wie Köpke sie will, unhaltbar. Er statuirt sie für c. XIX—XXXII, in denen „ein Stück Kaisergeschichte" aus Widukind entnommen sich nachweisen lasse und in welchem die früher und später sich findenden Beziehungen zu Gandersheim fehlen sollen. Er behauptet [2]): „Erst in den Endversen von c. XXXIII wird der Name [3]) wieder genannt und damit an XVIII, wo zuletzt davon die Rede war, angeknüpft".

Ich notire zuerst, dass sich XX, 2 u. 6, XXI, 31, XXXI, 7 u. 11, XXXII, 36, der Name des Klosters genannt findet, aber auch sonst sind überall die engsten Beziehungen zu demselben festgehalten, es wird ausdrücklich gesagt: Otto, Hein-

---

[1]) Belege für diesen Sprachgebrauch: Massmann a. a. O. S. 65, 66. u. ö. Auch solche lateinische Verweisungen finden sich: Rodulfi gesta abb. Trudon. S. S. X. S. 336: ..... in libello quem de gestis abbatum edidit, qui volet reperire poterit; eine grössere Anzahl theilt Waitz: Nachrichten von d. königl. Gesellschaft d. Wissenschaften u. d. G. A. Universität zu Göttingen v. 8. Nov. 1871. No. 21: Ueber die angebliche Handschrift des Sicardus Cremonensis in Modena S. 524 ff. mit.

[2]) a. a. O. S. 234.

[3]) Gandersheim.

rich I Vater habe Gandersheim nicht vergessen, es wird erwähnt, dass der Herzog dort begraben liege, die Bestätigungen der Könige Heinrich und Otto werden genannt, endlich wird, dass das sächsische Herzogshaus zur Königswürde emporgestiegen sei, ganz besonders auf das von ihnen und ihren Vorfahren stets dem Kloster bewiesene Wohlwollen und den göttlichen Lohn dafür zurückgeführt. Es ist grade ein sehr charakteristischer Zug, dass inmitten der Widukind entlehnten Stellen fort und fort bei jedem Herrscher seine Beziehungen zu Gandersheim betont werden, und in sie so eine ausgeprägte Tendenz hineingelegt wird, die ihnen von Haus aus ganz fremd war.

Endlich ist hier noch eine Annahme Köpke's zu berichtigen. Er sagt S. 230:

„.... XX, 40 führt er (E.) über Heinrich I aus dem boke die originalen Worte an: Et dilatavit gloriam populo suo — similis factus est leoni. Sie geben einen nicht unwichtigen Fingerzeig, doch bin ich ihnen bis jetzt in keiner der grossen Compilationen oder Kaiserchroniken, die in Betracht kommen, begegnet".

Die von ihm angezogene Stelle lautet XX, 36:
    Ek wöne, ek moghe on wol dem helde gheliken,
    De Judas Machabeus was ghenant.
    Syne werk sin an deme boke Machabeorum bekant,
    In deme bok steit von ome gescreven also:
    Et dilatavit gloriam populo suo.
. . . .
v. 43: Unde vindet man gescreven na dar by:
    Similis factus est leoni.

Der Irrtum ist augenfällig und die lateinischen Worte finden sich auch, wie zu vermuthen war, 1. Macc. 3, 3 u. 4.

Es spricht also der Dichter selbst durchaus für eine einheitliche Quelle, jedenfalls ist die Annahme einer zweiten, in der Weise, wie sie Köpke will, nicht haltbar, innere Gründe werden ersteres bestätigen.

Seinen eigenen Worten getreu (Pr. 83 ff.) beginnt Eberhard mit Herzog Ludolf, der, wie er sagt, nach dem Beispiel vieler Herrn und Könige, den Entschluss gefasst hatte zu Gottes und der Heiligen Ehre ein Kloster zu stiften. Freilich ist hier Eberhards Material dürftig genug, nur eine unsichere Kunde hat er von Widukind als Ahnherrn des Herzogs und dessen 30jährigem Kampf mit Kaiser Karl. Den genealogischen Zusammenhang aber kennt er schon nicht mehr, nur der Name von Ludolfs Vater Brun ist ihm bekannt, wie der seiner Gemahlin Oda, die er, wie Hrotsuit von dem fränkischen Geschlecht der Billunger herleitet [1]. Aber ausser diesen kurzen Notizen weiss er von ihnen nichts, eine individuelle Characteristik von ihnen zu geben, ist er nicht im Stande, und da er ihrer als Stifter des Klosters doch eingehender gedenken muss, so erhebt er ihre eheliche Treue und zieht alle sieben Werke christlicher Barmherzigkeit heran, daran Odas Tugend in helles Licht zu setzen. Thatsächliches gibt er erst wieder, sobald er zur Gründung Gandersheims gelangt, worüber oben des Breiteren gehandelt ist. Darauf folgen kurz die Namen der drei ersten Aebtissinnen, Ludolfs Tod, Brunos Sieg und Untergang, Odas Tod. Dann wird ausführlicher von Odas 4ter Tochter Lutgard erzählt, die dem König Ludwig dem jüngern vermählt durch eine fraus pia Gandersheim eine kostbare Reliquie, Christi Blut, verschafft, und ihren Gemahl zu grossen Schenkungen an das Kloster veranlasst. Auch hier tritt wieder das sichtliche Bestreben hervor, das enge Verhältniss des ludolfingischen Geschlechts zu Gandersheim der Familienstiftung zu erweisen.

Ganz gleicher Auffassung begegnen wir in der Erzählung von Arnolfs Regierung. Richtig ist er zu Anfang als Neffe des kinderlosen Ludwig angegeben — wie er zum Thron gelangt, wird nicht weiter erwähnt, — und daran schliesst sich sofort das einzige, was der Chronist aus Arnolfs Regierungszeit zu berichten weiss, eine durch und durch fabelhafte Darstellung eines Römerzuges [2].

---

[1] s. Waitz: Jahrbücher Heinrichs I. Excurs I. S. 186 ff. Seine Emendation von Eb. II, 5 bestätigt die Handschrift.
[2] zu XII, 20:
neyne hervart en bot he over dat rike,

Nach seiner Rückkehr schenkt der Kaiser — wieder ist die Gemahlin die Veranlassung — ein zu Rom erworbenes Kreuz mit Christi Blut nach Gandersheim, bestätigt und mehrt die Besitzungen derselben. Auch hier ist also alles in festester Verbindung mit dem Stift, der Chronist nimmt seinen Ausgang davon, Arnolf sei ausersehen gewesen, an dem Kloster Gutes zu thun, und berichtet, wie es geschehen, die Pointe, auf die Arnolfs Romfahrt zugespitzt wird, ist die Schenkung der Reliquie nach Gandersheim.

Im Folgenden erwähnt Eberhard das Gründungsjahr von Gandersheim, geht dann auf die Erzählung von Ludolfs Nachfolgern über, zunächst auf seinen Sohn Otto, und hier beginnt die Uebertragung aus Widukind (Eb. c. XVIII, 7 ff., Wid. I, 16 . . . . . fratri notu quidem etc.).

Dass Eberhard denselben wortgetreu, wenn gleich etwas weitschweifig und phrasenreich übersetzt hat, ist bereits oben gezeigt worden. Jetzt ist die Frage, in welchem Umfang, ob überall gleichmässig und, wenn es zu beantworten möglich, nach welchen Gesichtspuncten die Entlehnung erfolgte. Die Uebersetzung beginnt Widuk. I, 16 in der Mitte und geht bis ins 17. Capitel hinein. Fortgelassen werden Heinrichs Feldzüge gegen die Daleminzier und Ungarn; Eberhard erwähnt nur kurz, dass er die Heiden bekriegt habe. Daran schliesst er eine Lobrede auf Heinrich auf Grund jener oben citirten Maccabäerstelle und erzählt den Tod Ottos und seine Bestattung zu Gandersheim. Ausdrücklich wird dann zu Anfang von Capitel XX hervorgehoben, dass, trotzdem jetzt ein Fran-

---

    wenne, wur sin daghereise was gheleghen,
    umme by de straten sammede he mannighen deghen.
    ridende unde gaude mosten se mit ome varen,
    mit vorholver herffard dachte he to bewaren,
    dat ome de heidene nicht konden entvlein

findet sich bei Regino in der Erzählung von des Normannenkönigs Gottfried gewaltsamem Tode durch den ostfränkischen Grafen Heinrich eine auffallende Parallelstelle: SS. I, 595. a. 885: Heinricus satellitibus clam imperans, ut per Saxoniam non agmine facto sed sparsim et quo die et loco sibi occurrerent, cum paucis adiit.

ke an das Reich gelangt sei, Gott Gandersheim nicht vergessen, sondern grade durch die Geburt Heinrichs seine stete Fürsorge für das Stift auch hier bewiesen habe.

Uebergangen sind darauf Widukinds Berichte I, 18—20 vom Ursprung und den Siegen der Ungarn, angeknüpft wird wieder in Cap. XXII an Wid. I, 21 mit der Nachricht vom Tode Herzog Ottos. Die sich daran schliessende Erzählung von Heinrichs Kämpfen mit König Konrad, dessen Tod, Heinrichs Wahl ist in vollem Wortlaut aus Wid. I, 21—26 in XXIII—XXIX, 10 wiedergegeben, weggelassen sind nur die Namen von Heinrichs vor dem Vater verstorbenen Brüdern, die der Thüringischen Grafen Burchard und Bardo und die Notiz, dass Conrad zu Wilnaburg begraben sei, sowie die Characteristik, die Widukind von ihm gibt, wofür ihm Eberhard XXIX, 24 einige eigene Epitheta beilegt. Wid. I, 27 und die folgenden fasst Eberhard in die zwei Verse zusammen:
XXIX, 12:
Lotringen, Beyern unde de listighen Swaven
makede he ome to dem ersten to male underdan,
um sogleich mit v. 17 auf die Ungarn überzugehen und seinen eigenthümlichen Bericht über die Schlacht, wie er sagt, am Elme daranzuschliessen, doch lässt sich das Ende von Wid. I, 27 und der Anfang von c. 32: Cumque regnum sub antecessoribus suis ex omni parte confusum civilibus atque externis bellis colligeret, pacificaret et adunaret......
c. 32: Cumque iam civilia bella cessarent iterum Ungari totam Saxoniam percurrentes, urbes et oppida incendiis tradiderunt et tantam caedem ubique egerunt, ut ultimam depopulationem comminarent, in den Versen XXIX, 14 ff.:
unde alle de he mit syner herschup mochte bevan,
de mosten rechten loven unde frede holden,
. . . .
by der tyd voren de Ungern an Sassenland,
se stichtende dar slachtinge roff unde brand.
im Auszug verfolgen. Fortgeblieben ist im Folgenden, dass sich nach Widukind König Heinrich zu Werla aufhielt und die Gefangennahme des vornehmen Ungarn, übereinstimmend

erzählen beide, dass ein Friede geschlossen sei, nach Widukind genauer auf 9, nach Eberhard auf einige Jahre; im weiteren folgt dieser dann dem ihm und anderen späteren sächsischen Chroniken gemeinsamen sagenhaften Bericht über die Ungarnschlacht.

Unmittelbar im Anschluss daran werden Heinrichs Verdienste um Gandersheim erwähnt und dann der Schluss seiner Regierung, die Gründung Quedlinburgs, sein Plan nach Rom zu ziehen, die Weihe seines Sohnes, sein Tod und sein Begräbniss genau nach Wid. I, 40 (a. E.) und c. 41 erzählt, übergangen ist nur die Angabe über die Länge seiner Regierung und seines Lebens, ebenso der Name der Kirche, in der sich sein Grab befindet. In c. XXXII erscheint die letzte Spur einer Entlehnung aus Widukind, die Erzählung der Krönung Ottos ist Wid. II, 1 u. 2 entnommen bis zu den Worten: duces vero ministrabant. Den Rangstreit zwischen dem Cölner und dem Trierer Erzbischof übergeht Eberhard, nennt den letzteren fälschlich mit dem Namen der ersteren Wicfried und setzt, Widukind erweiternd, im Geschmack der höfischen Poesie hinzu, die Herzöge hätten an den Tafeln der Frauen aufgewartet.

Von hier an hört die Benutzung Widukinds auf, Eberhards Nachrichten werden wieder dürftiger, der Zusammenhang mit dem Kloster, den auch bisher aufrechtzuerhalten ein sichtliches Bemühen war, wird wieder ein engerer, über die Könige berichtet er nur noch, soweit sie mit Gandersheim in Berührung kommen, auch die Namen der Aebtissinnen treten wieder hervor. Aus Otto des Grossen Regierung hebt er nur einzelne Züge heraus, ein dunkles Bild hat er von dem Zwiespalt zwischen diesem und seinem Bruder Heinrich, und auch hier spielen sofort die Localbeziehungen hinein: Heinrich zur Nachtzeit nach Gandersheim kommend [1]), muss hier seines Unrechts eingedenk werden, voll Reue gelobt er seine Toch-

---

1) Eb. c. XXXIII.

ter Gerberg dem Kloster und in Folge davon wird der Friede zwischen den Brüdern wiederhergestellt ¹).

Aus Ottos Herrscherthätigkeit selbst erwähnt er nur die Stiftung des Bistums Magdeburg und seine Freigebigkeit gegen Gandersheim, dem er die alten Privilegien bestätigt und reichliche Hülfe, als unter der Aebtissin Windelgard die Kirche durch einen Brand zerstört war, beim Aufbau derselben gewährt.

Ebenso kurz ist Otto II. behandelt. Als seine Mutter nennt der Chronist irrtümlich Edith. Flüchtig erwähnt wird die Feindseligkeit des Königs wider seinen Vetter Heinrich, dass er in Folge davon auch Gandersheim seine Huld entzogen habe, bis es der Aebtissin gelingt, ihn zu versöhnen ²). Nun erweist auch er sich dem Stifte gewogen, stiftet einen goldenen Leuchter und weiht seine Tochter Sophie dahin, obwol er sie zuerst auf Bitten seiner Gemahlin nach Quedlinburg bestimmt hatte, aber durch ein Wunder davon abgebracht wird.

Individueller ist diese auf Gerberg folgende Aebtissin Sophie geschildert, der Chronist weiss von ihrer hohen Bildung, die sie befähigte mit: „wol ghelarden meystern" (XXXVII, 48) zu streiten, er weiss, dass über sie böse Gerüchte ergingen ³). Des Gandersheimer Streits freilich, als dessen Anlass sie die Hildesheimer Ueberlieferung hinzustellen so eifrig bemüht ist ⁴), geschieht hier gar keiner Erwähnung ⁵), wohl aber wird sie als thatkräftiger fast männlicher Character hingestellt, der selbst eine Zeit lang thätig ins Reichsregiment eingreift. Nach

---

¹) Hier möchte sich in c. XXXIV, 2—7 noch eine Reminiscenz an Wid. II, 36 . . . . . Fratrum vero pax et concordia deo acceptabilis, hominibus amabilis, toto orbe fit iam celebris . . . . . finden.

²) XXXVI, 32 ff.

³) Vita Bernwardi c. 15 . . . Sophia . . . . . varium de se sparsit rumorem.

⁴) V. B. c. 13 . . . . fomes, ut pace omnium dicam, huiusmodi dissensionis.

⁵) Nur XLI, 21 könnte eine kurze Hindeutung darauf enthalten.

Gerbergs Tode wird sie zur Aebtissin gewählt und wenn sonst [1] berichtet wird, zu ihrer Zeit sei die klösterliche Zucht verfallen und weltliche Ueppigkeit und übermüthige Sitten hätten Eingang ins Stift gefunden, so schildert sie Eberhard als die, welche die alte strenge Zucht wiederhergestellt habe.

Ist nun diese Vorstellung von sagenhaften Zügen ganz und gar durchdrungen [2], und finden die hier erzählten Thatsachen durch keine sonstige Nachricht historische Beglaubigung, so wird das Bedauern um so grösser sein, dass über den Gandersheimer Streit uns nur Hildesheimer Nachrichten erhalten sind; ganz diese Gandersheimer Stimme bei Seite zu lassen, wird man bei der Animosität, die aus den Berichten der anderen Partei in jeder Zeile spricht, nicht berechtigt sein, wenn auch nur, um zu constatiren, dass in Gandersheim sich eine andere Auffassung und Anschauung über die Aebtissin Sophie und ihre Wirksamkeit erhalten hatte [3].

Von nun an eilt die Erzählung schnell ihrem Ende entgegen, Ottos III. Tod wird berichtet, die Ueberführung seiner Leiche nach Aachen, die Nachfolge Heinrichs, den die Chronik zu jenes Bruder macht, die Stiftung Bambergs, seine und Kunigundens Virginität und ihre Canonisation. Hiebei beruft sich Eberhard auf Bamberger Nachrichten, wir dürfen daher dieses letzte nicht für seine Quelle in Anspruch nehmen, es sind das seine eigenen Zusätze über ein Ereigniss, das erst in seiner Zeit sich zutrug und ihm darum erwähnenswerth erscheinen mochte [4]. Die letzten Verse berichten kurz über die Kirchenweihe von 1007 in Heinrichs und 12 Bischöfe Gegenwart und von der Schenkung der Grafschaft Dernburg an das Stift vom 3. Sept. 1008 [5].

Damit schliesst die Reimchronik, ihr angehängt sind ein Könige- und ein Aebtissinnenverzeichniss, jenes bis auf Frie-

---

1) V. B. c. 14.
2) s. Hirsch: Jahrbücher Heinrich II. Bd. I. S. 201. Anm. 1.
3) Hirsch a. a. O. Bd. II. S. 1, 2. Anm. 2.
4) Wattenbach a. a. O. S. 472.
5) Böttger a. a. O. S. 95.

drich II., dieses bis auf die Aebtissin Mathilde von Waltingerode herabgeführt, unter der, wie oben erwähnt, Eberhard sein Werk schrieb. Vor diesen Verzeichnissen nun statuiren alle drei Herausgeber eine Lücke und Harenberg setzt in einer Note hinzu (S. 496): Dolendum, reliqua periisse. Probabile enim est, Sophiae vitam reliquam et abbatissarum res gestas ad Mathildam primam usque ab Eberhardo fuisse perscriptas. Aber schon Köpke [1]) hat mit Recht auf die Grundlosigkeit dieser Annahme und die wohl vorhandenen Spuren einer Anknüpfung aufmerksam gemacht. Auch bietet die Handschrift, deren 4 Quinternionen nirgends einen Ausfall zulassen, dazu keine Veranlassung. Ebenso spricht Eberhards Bemerkung (XLI, 37), er zähle 8 Könige in seinem bok, — eine Rechnung, die grade bis auf Heinrich II. geht, — dafür, dass die Reimchronik nicht weiter gegangen sei und also auch vollständig erhalten ist.

Aus der ganzen Analyse ergibt sich nun, dass Köpkes Annahme einer zweiten Quelle für Eberhard nicht haltbar ist, überall ist Gandersheim als Mittelpunct der Darstellung festgehalten und der Autor stets bemüht, auch wo er seinen Stoff Widukind entnimmt, die Beziehungen zu seinem Kloster durchblicken zu lassen. Auch liesse sich trotz des klaren Einblicks, den uns Eberhard gewährt, sonst in keiner Weise ein Schluss auf den Character der Quellen, die Eberhard ausser Widukind vorgelegen hätten, machen, sie müssten in einzelne wahrscheinlich urkundlich gearbeitete Stücke, in kurze localgeschichtliche und genealogische Notizen auseinander fallen. Dem gegenüber bestätigen die eigenen Angaben des Schriftstellers, wie der innere Zusammenhang des Inhalts die Einheit der Quelle, die, uns sonst verloren, in Eberhards Uebersetzung erhalten ist.

Dagegen hat Waitz für die Erzählung von der Ungarnschlacht, — für die Capitel XXIX u. XXX, eine andere niedersächsische Quelle und zwar den Bericht der Sachsenchronik des Eike von Repgow angenommen [2]). Er hat die beiden

---

[1]) a. a. O. S. 231. 232.
[2]) Seine Meinung adoptirt Wattenbach a. a. O. S. 216. Anm. 1.

Berichte in den Jahrbüchern König Heinrich I., Excurs XIV S. 245—248 zusammengestellt, über das Verwandtschaftsverhältniss sich in der Abhandlung: Ueber eine sächsische Kaiserchronik (S. 38 u. 39) näher ausgesprochen. Die Aehnlichkeit der beiden Ueberlieferungen fällt nun allerdings schon beim ersten flüchtigen Blick in die Augen, namentlich die Antwort, die Heinrich den Gesandten des Ungarnkönigs gibt, ist bei beiden dem Wortlaut nach fast genau dieselbe und daher auch schon von Waitz besonders hervorgehoben. Doch aber erheben sich gegen seine Ansicht nicht ganz unbedeutende Schwierigkeiten. Es ist einmal die in einzelnen Zügen reichere Ueberlieferung Eberhards, die Abweichung über die Stärke von Heinrichs Heer, nachdem ihm ein Theil aus Furcht verlassen, sodann die Angabe, der König habe an der Ocker gelagert, die Repgow nicht hat. Selbst zugegeben, die erste Aenderung sei leicht möglich, der zweite Zusatz ist nicht der Art, dass er der Phantasie eines Dichters, wie Eberhard, zugeschrieben werden kann, der sich im übrigen von so geringer Gestaltungskraft und so abhängig von seiner Vorlage zeigt.

Aber es würde auch die ganze Art, wie Eberhard compilirt haben sollte, einer sehr künstlichen Erklärung bedürfen. Es ist oben dargelegt, dass in der Erzählung von dem mit den Ungarn abgeschlossenen Waffenstillstand sich ein Auszug aus Widukind verfolgen lasse, dasselbe aber in ganz andrer Weise geschieht — durch weitere Vermittlung — bei Repgow, und unmittelbar an den Schlachtbericht knüpft letzterer wieder die ebenfalls aus Widukind geschöpfte Erzählung, dass nach errungenem Siege Heinrich vom Heere als Kaiser und Vater des Vaterlandes begrüsst sei[1]). Dieser Satz findet sich bei Eberhard nicht und doch erzählt er die letzte Zeit Heinrichs mit Hinzufügung einiger Localnotizen ebenfalls nach Widukind, auch lässt er weg, dass, wie Repgow erzählt, die Ungarn durch Baiern und Franken gezogen seien, er nennt nur Thüringen. Er müsste also aus Repgow nur den Schlachtbericht

---

[1]) H. F. Massmann: das Zeitbuch des Eike von Repgow S. 299.

hier aber mit ängstlicher Vermeidung Widukinds, obwohl er ihn doch sonst benutzt, entnommen haben.

Ich meine, diese Bedenken sind nicht ganz gering. Bei Eberhard zeigen sich Spuren eines eigenen selbständigen viel kürzeren Auszugs aus Widukind und sein Schlachtbericht ist an einzelnen Stellen reicher und origineller; unerklärlich bleibt das Weglassen des in der Sachsenchronik stehenden Schlusssatzes und zweifelhaft bleibt bei Eberhard die ganze Benutzung Repgows, da, im übrigen wie auch Waitz bemerkt, sich keine Verwandtschaft zeigt, endlich sich Eberhard sonst auf eine lateinische Quelle beruft, deren übrigens einheitlichen Character ich dargethan zu haben hoffe [1]).

Aber auch das Verhältniss der Sachsenchronik zu den Annales Palidenses ist an dieser Stelle ein auffallendes. Dass erstere sonst nur eine Uebersetzung der letzteren ist, hat Waitz (a. a. O. S. 7 ff.) erwiesen, hier aber müsste man eine förmliche Umarbeitung des Annalentextes durch die Sachsenchronik annehmen. Schon für sich allein betrachtet, macht der Text der Annales Palidenses, wie er uns in der einzigen erhaltenen Handschrift vorliegt [2]), einen geschraubten und gekünstelten Eindruck. Die Ungarn werden als Söhne Belials bezeichnet, gleich Heuschrecken bedecken sie den Erdboden [3]). Die Anrede des König an sein Heer ist voller Reminiscenzen aus der Bibel [4]), feine rhetorische Steigerungen [5]) finden sich und gesuchte Gleichnisse: so wird des Königs Tapferkeit der

---

[1]) Dass dies an dieser Stelle nicht ausdrücklich geschieht, steht nach den obigen Ausführungen (S. 23) nicht entgegen. (Waitz: Jahrbücher S. 248.)
[2]) vergl. SS. XVI. S. 48.
[3]) Jer. 46, 23; Nah. 3, 15 u. 17; Jes. 40, 22.
[4]) non est differentia in conspectu eius liberare in multis et in paucis. Dies ist aus 1. Macc. 3, 18.
[5]) Semper animi dissolutio securos, securitas negligentes, negligentia imperitos facit. Vergleiche dazu: Liutpr. Antap. IV, 39. Fundatio mon. Brunsvilar. Archiv f. Gesch. d. N. R. Bd. IV. Heft 1. S. 178.

eines Nashorn gleichgestellt [1]). Auch als Gelehrten zeigt sich der Autor, Jechaburg hat er das erste Mal latinisirt in Indapolis, beim zweiten Mal lässt er ruhig den deutschen Namen im Text [2]). Die Sachsenchronik kennt diese Latinisirung nicht.

Entscheidend aber erscheint, dass die schon oben erwähnte Antwort Heinrichs an die ungarischen Gesandten sich nicht findet, wohl aber an anderem Orte, als die Schlacht geschlagen, die Wendung: pro tributo ferrum bis acutum obtulit. Die Sachsenchronik, deren Vorstellung schlicht und einfach ist, gibt den vollen Wortlaut: of he wolden genegen andern tins, den solde he winnen mit swerden. Hier also müsste die deutsche Chronik eine förmliche Aenderung mit dem Text wie mit der Darstellung des Ereignisses vorgenommen haben, und das anzunehmen, ist doch gewiss bedenklich.

Vielmehr lässt es sich wahrscheinlich machen, dass der Sachsenchronik ein andrer von dem uns in der Handschrift erhaltenen, abweichender Text vorgelegen habe.

Die Spur eines solchen findet sich in der chronica Theoderici Engelhusii [3]) (Leibnitz II, 977—1143). Dieser nennt unter seinen Quellen, zuerst in dem seinem Werke vorangesetzten Catalog derselben (S. 977): Honorii Solitarii Historia solemnis, sodann in der Vorrede: ... Honorii solitarii, qui scripsit Chronicam solennem et Gemmam animae cum multis aliis. Im Texte deutet er — doch nicht überall — die daraus entnommenen Stellen durch ein hinzugefügtes: H. an.

Die Vergleichung der Texte ergibt nun, dass die hier unter dem Namen des Honorius citirte chronica solemnis nichts anders ist als die Annales Palidenses, freilich in gekürzter Gestalt. Als Beispiel wähle ich den Bericht über die Uebertragung des Bistums von Elze nach Hildesheim, der geeignet ist, das Verhältniss der Texte klar zu legen. Der Annalista

---

1) aus Hiob 39, 11 genommen.

2) Die in der Handschrift im Text stehende Glosse gibt den deutschen Namen.

3) Nichts als ein Auszug daraus ohne selbständigen Werth ist die bei Leibn. II. S. 62 f. abgedruckte compilatio chronologica.

Saxo gibt ihn aus der ihm und den Annales Palidenses gemeinschaftlichen Quelle in extenso¹), die Annales Palidenses kürzen ihn stark:

Ann. Pal. (SS. XVI. S. 50)	Engelhusius (Leibn. II. S. 1066)
A. 817: Hildenshemense episcopium coepit. Lodewigus imperator tam paternae religionis quam potestatis heres in Aulicensi ecclesia arcem episcopatus firmare decreverat, quam beati Petri apostoli nomine et honore dicari fecerat. Sed voluntate Dei ostenso ad reliquias sanctae Dei genitricis Mariae miraculo et constructo in eius veneratione oraculo, in locum, qui dicitur Hildenesheim, sedes episcopalis translata est, sic principe apostolorum genitrici Conditoris sui locum dante.	Hildesheimense episcopium coepit, quod Lodovicus proposuit posuisse in Aulica sua, quae nunc villa dicitur Else. sed ostenso miraculo in oratorio S. Mariae Hildensem Apostolus cessit virgini gloriosae.

Wir sehen, der Text des Engelhusius ist eine Verkürzung des der Pöhlder Annalen; der Gedanke es könne sich hinter dem Namen Honorius vielleicht jene sächsische Kaiserchronik selbst verstecken, ist damit ausgeschlossen.

Dasselbe bestätigt auch die Notiz zu 1182 (S. 1110): Huc usque scripsit Honorius Chronica sua, da soweit auch die Annales Palidenses reichen. Es scheint demnach, dass Engelhusius die kurzen Nachträge der Annalen bis 1421, vielleicht auch den angehängten Könige- und Papstcatalog nicht gekannt hat, wenigstens findet sich von ersteren nichts bei ihm.

Nun ist dies alles freilich nur geeignet, statt Aufklärung neue Räthsel zu schaffen. Unter Honorius kann nach dem

---

¹) SS. VI. S. 571. Er ist zu lang, um ihn hieher zu setzen.

Zusatze: qui scripsit . . . . . et Gemmam animae cum multis aliis, Niemand anders als der Honorius von Autun, der in bisher so unaufgeklärter Weise in der sächsischen Historiographie des zwölften Jahrhunderts vorkommt [1]), verstanden werden, hienach soll er nun gar Verfasser eines grossen Werkes sächsischen Ursprungs sein!

Unter allen Umständen nun ist des Engelhusius Angabe eine falsche. Ein Schriftsteller, der, wie es von Honorius sicher ist [2]), unter Heinrich V. thätig war, kann nicht noch um das Jahr 1182 oder später ein so umfangreiches Werk, wie die Annales Palidenses verfasst haben. Leicht möchte man daher zu der Annahme eines Irrtums seitens des Engelhusius geneigen. In der Vorrede der Annales Palidenses ist der Honorius selbst citirt (SS. XVI. S. 52), Werke von ihm werden dort genannt, wie er sie ähnlich selbst in seiner Schrift: de luminaribus ecclesiae aufzählt, auch finden sich dort Entlehnungen aus seiner imago mundi. Es folgt die Ueberschrift: Incipit excerpta cronicorum secundum Jeronimum et Honorium. Hieraus mochte Engelhusius, der selbst dem Hieronymus als Quelle folgt (Leibn. II. S. 979), für den späteren Theil die Autorschaft des Honorius fälschlich herleiten, aber freilich bleibt der ihm dann zugetraute Irrtum ein so grosser, dass er nur aus starker Flüchtigkeit seine Erklärung finden könnte. Doch damit lösen sich die Schwierigkeiten, die uns nun die Annales Palidenses bieten, nicht, sondern steigern sich nur [3]). Durch das jetzt neu gewonnene Material werden sich gewiss neue Anhaltspuncte ergeben, hier sie weiter zu verfolgen, würde ganz von der Aufgabe abführen. Unentschieden muss hier auch bleiben, ob dem Engelhusius die Annales Palidenses vollständig oder schon in gekürzter Gestalt vorlagen.

---

[1] s. Wattenbach Geschichtsquellen S. 413. Scheffer-Boichorst: Ann. Patherbr. S. 190. W. Schum: die Jahrbücher des Sanct-Albans-Klosters zu Mainz S. 60 ff.

[2] vergl. Wilmans, in der Vorrede zu der Ausgabe SS. X, 125—128, in der auch angemerkt ist, dass Engelhusius den Honorius citirt.

[3] Wattenbach a. a. O. S. 493—495.

Nach seinen eigenen Angaben verfolgt er keinen anderen Plan, als eine Compilation anzufertigen [1]), und da er auch sonst, wie z. B. eine Vergleichung mit dem ebenfalls von ihm benutzten Gobelinus Persona zeigt, kürzt, liegt es nahe, dasselbe Verfahren auch hier anzunehmen. Andrerseits würde eine solche epitomistische Thätigkeit dem Honorius — wollte man ihn etwa für den Verfasser eines früheren Theils der Annales Palidenses halten — und dem Character seiner sonstigen Schriften wol entsprechen. Für unsre Zwecke ist es geboten, den Bericht über die Ungarnschlacht (S. 1072) mit dem im Codex der Annales Palidenses erhaltenen Texte zu vergleichen [2]). Er lautet:

Tum enim Romani principes tributis suberant Ungarorum. Ipse autem (sc. Henricus) principum consilio congregato quaesivit, quid opus esset in hoc facto? Cumque singulariter diceretur: **non esse tutum, tributum non praestare,** ipse solus **contradixit** dicens: Iniustum esse, Christianos canibus subesse. Tandem **omnes principes consentientes fideles ei promiserunt, sicque legatis Ungarorum canem brevem et spissum auribus et cauda decurtatum praesentans,** Ungarorum regi **transmisit** dicens: aliud se a Christianis non habituros tributum. Quibus perceptis Ungari commoti, Christianos in duobus locis exeuntes, invadunt; pars eorum una per terras Bavariae et Franconiae venit in Thuringiam usque in castrum inde nominatum Gicheborg prope Northusen illud obsidendo, alii vero per Pruciam Saxoniam intrabant cum L millibus armatis. Quibus imperator occurrit cum XII millibus; quorum tamen, hostibus perceptis, **vix quatuor millia secum permanserunt.** Imperator autem dixit: Memineritis fratres, **quod non in multitudine populi sed de supernis est victoria. State viriliter pro cultu divino, pro uxoribus et filiis vestris et quia deus**

---

[1]) Antiquum (est opus) materia et auctoritate, novum vero compilatione (S. 978).

[2]) Ich hebe die wörtlichen Uebereinstimmungen durch den Druck hervor.

est in causa, ipse erit merces operis. Promisit etiam pro adipiscenda victoria se simoniam a regno penitus eradicaturum. Sic ergo suis confortatis, deo disponente, nebula mane divinitus immissa est tanta, ut inimicos accederet invisus; quos incautos perterruit atque attrivit et persequens fugientes quasi pene delevit, sicque iugum Ungarorum cessavit.

Wir sehen, die Aehnlichkeiten sind durchschlagend, nicht gering aber auch die Abweichungen. Von allen jenen oben angemerkten stilistischen Uebertreibungen der Annales Palidenses findet sich keine Spur und Engelhusius Text steht in seiner einfachen Fassung dem der Repgowschen Sachsenchronik durchaus näher. Ganz rein jedoch ist er nicht erhalten. Einmal liegt die Vermuthung nahe, dass die Vorlage gekürzt sei, sodann aber zeigen sich Spuren von Interpolationen. Zu diesen gehört der Satz: Promisit — eradicaturum, der aus den Annales Palidenses zum Jahr 924 entlehnt, dort aus Sigebert (SS. VI. S. 346) entnommen ist, ferner die Nachricht vom Zuge der Ungarn durch Baiern und Franken, die aus dem Kosmodromium des Gobelinus Persona (Meibom. SS. rer. Germ. I. S. 247) hineingesetzt ist; ebenso klingt der Schlusssatz: sicque iugum Ungarorum cessavit, an das: Et deinde cessavit iugum Ungarorum a partibus Saxoniae etc. des Gobelinus an. Ist dies ausgeschieden, so bleiben noch zwei dem Engelhusius eigentümliche Abweichungen. Es sind dies die Worte des Königs: iniustum esse Christianos canibus subesse, und die Angabe, die Ungarn seien per Pruciam gezogen, wo die Annales Palidenses allgemein von partes orientis sprechen.

Nun könnte man leicht geneigt sein, jenen ersten Zusatz ebenfalls auf Rechnung späterer Interpolation zu sehn, vielleicht des Engelhusius selber, der ihn aus der Ueberlieferung von der Uebersendung des Hundes[1]) entnehmen konnte, daran

---

[1]) Der Hund ist hier ein Lieblingsgegenstand der Sagenentwicklung gewesen; es zeigt dies die Uebertragung von den Dalcminziern auf Heinrich selbst und die Zusätze der späteren Chroniken, wie sie sich in einem niedersächsischen Chronikon bei C. Abel: Sammlung Etlicher noch nicht gedruckten Alten Chroniken, Braunschweig 1732

aber hindert die Wahrnehmung, dass die hier sich findende Bezeichnung der Heiden als Hunde dem zwölften Jahrhundert durchaus nicht fremd war. Beweisend dafür ist Helmold I, 16, wo die Verheirathung einer Christin an einen Heiden als Verbindung mit einem Hunde bezeichnet und darum verweigert wird [1]).

Und ebenso kann das differirende: per Pruciam recht recht original sein, da die Pruci in eben jenem Jahrhundert häufig als Heiden des Ostens und in Verbindung mit den Ungarn genannt zu werden pflegten [2]).

S. 82 u. 83 und im chronicon picturatum des Conrad Botho (Leibn. III. S. 304) finden. Zwischen diesen beiden Chroniken besteht überhaupt ein noch nicht festgestellter genauerer Zusammenhang, der wahrscheinlich auf gemeinsame Quelle für beide führt, die aber wohl selbst schon nicht mehr frei von späten Zuthaten war.

[1]) Die Stelle lautet: Sermo igitur est et veterum narratione vulgatum, quod idem Mistiwoi petiit sibi neptem ducis Bernardi, illeque promisit. Tunc idem princeps Winulorum, volens sponsione fieri dignus perrexit cum duce in Italiam cum equitibus mille, qui omnes fere ibidem sunt interfecti. Cumque rediens de expeditione pollicitam sibi mulierem expeteret, Theodoricus marchio intercepit consilium, consanguineam non esse dandam cani. Quo ille audito, cum magna indignatione recessit. Cum igitur dux, mutato consilio, nuncios post eum direxisset, ut concupitis potiretur nuptiis, ille refertur tale dedisse responsum: Oportet quidem generosam magni principis neptem prestantissimo viro copulari, non vero cani dari. Magna gratia nobis pro servitio refertur, ut iam canes, non homines iudicemur. Si igitur canis valens fuerit, magnos morsus dabit. Et hoc dicens reversus est in Sclaviam. Et primo omnium transivit in civitatem Retre, que est in terra Liutitiorum, convocatisque omnibus Sclavis, qui ad orientem habitant, intimavit eis illatam sibi contumeliam et quia Saxonum voce Sclavi canes vocentur etc. Der Anfang — dandam cani ist aus Adam v. Bremen Schol. 30. s. dazu Lappenberg in der Vorrede zur Ausgabe SS. VII. S. 280. vergl. auch Ann. Pal. (SS. XVI. S. 60): Inito ergo certamine .... populus Dei canibus ad lacerandum expositus est etc.

[2]) Auch dies geht namentlich aus Helmold I, c. 1 hervor, der in Aufzählung der östlichen Völker das, was der hier von ihm ausgeschriebene Adam von Bremen von der Polani sagt, auf die Ungarn überträgt, nachher eine Characteristik der Pruci gibt: Pruzi necdum lumen fidei cognoverunt etc. und unmittelbar daran eine der Ungarn

Zu bemerken ist endlich, dass der Verlauf des Ungarnzuges bei Engelhusius etwas abweichend von der älteren Tradition erzählt wird, bei ihm theilt sich das Ungarnheer von vorne herein, nach den Annales Palidenses und Repgow rücken die Ungarn mit ganzer Macht bis vor Yechaburg, dort erst geschieht die Trennung und die Hälfte des Heeres zieht an den Elm.

Ist in späterer Zeit die Ueberlieferung von der Ungarnschlacht eine mannichfach schwankende und wechselnde, die Sage in steter Weiterbildung befindlich zeigende, so ergeben sich jetzt auch für unsere früheste Ueberlieferung ähnliche Variationen und Abweichungen, die, an sich geringfügig, doch bedeutend genug sind, um uns zu hindern, einen dieser Texte als Grundlage für die übrigen anzusehen, uns vielmehr nöthigen, sie alle auf gemeinsame Quelle zurückzuführen. Am allerfernsten aber einer originellen Fassung steht und das entschiedenste Gepräge einer zweiten Hand trägt der Text, wie ihn die Handschrift der Annales Palidenses bietet, er kann in der Frage nach der ältesten Ueberlieferung nicht in Betracht kommen.

Ebenso müssen wir den Bericht des Engelhusius — denn auch er zeigt, konnten wir gleich einen guten Theil desselben für das zwölfte Jahrhundert retten, doch schon die Sage in ihrer Fortwucherung — ausscheiden, das höchste Alter muss für unsre beiden niederdeutschen Texte bei Eberhard und Repgow angenommen werden, jetzt gilt es noch die Frage der Priorität zwischen diesen beiden zu entscheiden. Sie ist nur zu lösen im Zusammenhang mit der, welchen Character Eberhards Vorlage — deren einheitliche Anlage ich hoffe dargethan zu haben — trug, und wann ungefähr die Zeit ihrer Abfassung zu setzen ist.

Bisher ist man geneigt gewesen, das lateinische bok als Chronik anzusehen. Schon die Braunschweigsche Reimchro-

---

knüpft. Ann. Madgeburg (SS. XVI. S. 158) . . . . . Pruscos crudelissimos barbaros . . . . . Ann. Gradic. (SS. XVII. S. 651) . . ad Pruscie terre gentem, dei caeli ignorantem, et pro creatore creaturam colentem.

nik ¹) aus dem Ende des dreizehnten Jahrhunderts, welche unseren Eberhard ausschreibt ²), citirt ihn unter dem Namen der Gandersheimer Chronik (IV, 33; VII, 56). Die drei Herausgeber sind in Folge dieser Auffassung zu der Annahme einer Lücke am Ende der Reimchronik veranlasst worden, wozu weder diese selbst noch die Handschrift, wie gezeigt ist, berechtigt. Von den Neuern spricht Wattenbach ³) von einem Chronikon, das zur Zeit Heinrichs II. zu Gandersheim verfasst, von Eberhard ins Deutsche übertragen sei. Und doch haben wir ohne Zweifel nicht eine Chronik im strengen Sinne des Wortes vor uns, auch wäre es auffallend, dass ein Schriftsteller des dreizehnten Jahrhunderts ein solches nur den ersten Theil der Stiftsgeschichte enthaltendes Fragment einer Uebersetzung werth gehalten hätte; wäre es ihm als ein solches Bruchstück erschienen, so hätte er doch sicher eben diesem Mangel abhelfen und die Fortsetzung liefern müssen, so gut oder schlecht er konnte. Endlich bliebe es unerklärt, wie ein solches Werk, das über Heinrich I. ausführliche Nachrichten aus Widukind bringt, sich bei den Ottonen mit einigen dürftigen Notizen begnügt und des ganzen Gandersheimer Streits keine Erwähnung thut, dafür nur einige sagenhafte Züge über die Aebtissin Sophie zu geben im Stande ist. Ganz anders aber stellt sich die Sache, wenn Eberhard selbst das lateinische Buch als einheitliches nach bestimmtem Plane gearbeitetes Ganze ansah und daher es ins Deutsche übertrug.

Nun ist auch schon wiederholentlich darauf hingewiesen, wie ängstlich der Schriftsteller bemüht ist, alles, was er berichtet in den engsten Zusammenhang mit seinem Kloster zu bringen, wie er das Emporkommen der Ludolfinger durchaus von ihren Wohlthaten gegen sein Kloster abhängig darstellt und ihr Gelangen zur Königswürde als göttlichen Lohn für dieselben ansieht; und alles Auffällige hebt sich, es erklärt sich die plötzliche Dürftigkeit der Nachrichten über die Zeiten

---

¹) Leibniz, SS. rer. Brunsv. III. S. 1—147.
²) Pertz, M. G. h. SS. IV. S. 304 A. 28. Köpke a. a. O. S. 235 f.
³) a. a. O. S. 216.

Otto I. bis III., das gänzliche Schweigen über den Gandersheimer Streit, bei der Annahme, dass die Absicht des alten Schriftstellers gar.nicht gewesen sei, eine solche Chronik über die Gesammtgeschichte des Klosters zu schreiben, wenn er es grade als seine Aufgabe ansah, das Emporkommen der Ludolfinger zu schildern, und nachdem er dies gethan, sie als erfüllt betrachtete, wenn wir mit einem Worte das lateinische Buch nicht sowol als eine „Stiftsgeschichte", wie Köpke (S. 231) will, sondern als eine Gründungsgeschichte des Stifts auffassen. Dann war der Plan des Schriftstellers erreicht, wenn er Ottos Königskrönung erzählt hatte und wir können begründen, warum hier die Benutzung Widukinds aufhört, dann verstehen wir, warum er sich darauf beschränkt, nur noch kurz die Folgezeit zu berühren, er thut dies, um mit der Kirchenweihe von 1007 seinem Werke einen genügenden Abschluss zu geben. Ich meine, es kann hiernach kaum zweifelhaft sein, dass die Ueberschrift der Handschrift: prologus de fundatione Gandersemensis ecclesie auf die richtige Spur leitet, der Titel des lateinischen Buches gewesen ist: de fundatione Gandersemensis ecclesie, ja man möchte fast geneigt sein, das häufig citirte bok mit in den Titel hineinzusetzen und zu sagen: libellus de fundatione etc. [1])

Die Frage nach der Zeit der Abfassung, die jetzt zu erwägen ist, hängt aufs engste mit der, wie sich das Verhältniss dieser Gründungsgeschichte zu den grossen Compilationen des Annalista Saxo, der Annales Palidenses, sodann des Heinrich v. Herford stellt, zusammen.

Vorläufig lässt sich nur als terminus a quo feststellen, dass sie, da sie schon sagenhafte Züge aus dem Anfang des elften Jahrhunderts enthält, nicht wie Wattenbach (S. 216) meint, noch zu Zeiten Heinrichs II. entstanden sein kann [2]),

---

[1]) Als ein Werk ähnlicher Anlage nenne ich nur die schon oben citirte fundatio mon. Brunsvil.

[2]) Böttger a. a. O. S. 95, 112, 347 nimmt, da die Reimchronik die Urkunde Heinrichs II. v. 3. Septbr. 1008 kennt, an, die Vorlage müsse in diesem Jahr oder kurz nachher entstanden sein, doch folgt das nicht so unbedingt.

sondern jedenfalls weiter gegen Ende des Jahrhunderts gesetzt werden muss, und da die zuletzt erwähnte Aebtissin Sophie erst 1039 stirbt, wohl erst nach deren Tode abgefasst sein wird. Als terminus ad quem ergibt sich das Jahr 1216 als dem, in welchem ihre Verdeutschung durch Eberhard stattgefunden hat. Wir erhalten also vorläufig einen Zeitraum von 1039—1216 während dessen die fundatio geschrieben sein muss.

Im Annalista Saxo und den Annales Palidenses ist man nun schon lange auf eigentümliche sagenhafte Nachrichten über die Könige des sächsischen und fränkischen Hauses aufmerksam geworden, man ist in Folge dessen zu der wohl begründeten Annahme eines verlorenen chronistischen Werks sächsischen Ursprungs gekommen und hat, da sich besondre Beziehungen zu Gandersheim finden, auf die Möglichkeit, dass dort die Abfassung stattgefunden habe, hingewiesen [1]).

Durchgängig sind diese Stellen aus der Hildesheimer Ueberlieferung und haben nur unwesentliche selbständige Zusätze; allein die Nachricht von Heinrichs und seiner Brüder Verhalten gegen Gandersheim lässt sich nicht als fremde Entlehnung nachweisen, das Vorkommen in beiden Werken [2]) sichert sie aber der verlorenen Quelle. Dass nun bei Eberhard diese Nachricht nicht erhalten ist, brachte Waitz [3]) zu der Meinung, dass sich bei ihm „eine unmittelbare Benutzung eines Werkes, das einen Gandersheimer Ursprung zu haben scheint", nicht nachweisen lasse, weiter spricht er sich über Eberhards Stellung zu jenen Compilationen nur für den Bericht der Ungarnschlacht aus. Jedenfalls ist dadurch der Gedanke an eine Benutzung der Annales Palidenses resp. ihrer Quelle seitens Eberhard und seiner Quelle ausgeschlossen.

Einigen weiteren Aufschluss uns hier zu geben, ist Heinrich von Herford in der Lage. Dieser erwähnt an mehreren Stellen (ed. Potthast S. 72 u. 73), die Ludolfinger und ihre

---

[1]) Wattenbach a. a. O. S. 416. Waitz: Kaiserchronik S. 37.
[2]) SS. VI, 592. XVI. S. 61.
[3]) a. a. O. S. 38.

Abstammung und hiebei beruft er sich stets auf die auch sonst als Quelle citirte chronica Saxonum, ein Werk, das uns nur aus Heinrichs Fragmenten und als Auszug, wie Waitz nachgewiesen hat [1]), im chronicon vetus ducum Brunsvicensium (Leibniz SS. II, 14—18) erhalten, ausserdem noch in der braunschweiger Reimchronik erkennbar ist, aber schon speciell braunschweigschen Character trägt und erst um die Mitte des dreizehnten Jahrhunderts entstanden sein kann [2]). Nur wo er zuerst die Ludolfinger erwähnt und daran die Gründung Gandersheims anschliesst, geschieht dies ohne eine solche ausdrückliche Berufung; doch dürfen wir diese Stelle, da das chronicon vetus mit derselben beginnt, für die chronica Saxonum in Anspruch nehmen.

Sie lautet (S. 56. 57):

Isti enim dicunt, quod Ludolfus dux Saxoniae cum coniuge sua Oda Romam veniens a beato Sergio papa reliquias sanctorum presulum Anastasii et Innocentii impetratas detulit et in honore eorum cenobium virginum primo in Brunteshusen deinde in Gandersem construxit et filiam suam Hademodam abbatissam ibi primam constituit. Quam a beato papa Sergio consecrari in albis mollibusque vestibus faciebat. Quod idem papa coram archiepiscopis et episcopis tam Ytalicis quam ultramontanis numero 36 cum auxilio Dei et beate virginis intercessione omniumque sanctorum auctoritate beati Petri apostoli sic semper fieri confirmavit, scilicet quod mollibus et albis utantur indumentis. Ordinavit autem haec Sergius instinctu et assensu Ludovici regis et cunctorum principum Germaniae.

Der erste Satz bis constituit geht, wie schon Potthast anmerkt, auf die Vita posterior. S. Godehardi zurück. Im weiteren aber lassen sich Aehnlichkeiten mit Eberhard nicht verkennen, wie hier zweimal von der weissen Nonnentracht die Rede ist, ebenso bei Eberhard c. IV, 37 und VI, 41;

---

[1]) Kaiserchronik S. 41 ff.
[2]) Potthast S. XVIII u. XIX in der Vorrede zur Ausgabe d. H. v. II.

gleichfalls stimmen beide darin überein, dass Papst Sergius die Hathumod geweiht habe [1]), während nach den übrigen Quellen Bischof Altfrid dies gethan hat. Der Schlusssatz endlich: Quod idem papa etc. ist wörtlich aus Pabst Johann XIII. Urkunde für Gandersheim entnommen, nur freilich die Sache selbst von Johann auf Sergius, aus der Zeit Otto des Grossen in die Ludolfs übertragen und der Schluss ganz geändert, was dort von der Geistlichkeit erzählt wird, ist hier König Ludwig und den deutschen Fürsten zugeschrieben.

Die entsprechenden Sätze der Urkunde sind (Leukfeld a. a. O. S. 79 u. 80):

..... Otto maior et minor ..... dignati sunt coram archiepiscopis et episcopis videlicet Italicis et ultramontanis numero triginta et sex, quatenus .... cum auxilio sanctae et individuae trinitatis et interventu beatae Mariae semper virginis omniumque sanctorum ex auctoritate beatissimi Petri apostolorum principis, cum assensu comprovincialium pontificum et omnium huius nostrae sanctae sedis suffraganeorum episcoporum ....

Eine weitere Aehnlichkeit findet sich in der Erzählung der Dänenschlacht vom Jahre 880, und Herzog Brunos Tod:

Eb. c. IX. v. 6:
An den tyden was der Deneschen gheschicht,
Beyde mit möde unde gude, darynne se waren ghewassen,
Dat se faste orlogheden up de Sassen,
Mit herfarden vorden se dicke an or land,
Darynne se stichteden roff unde brand,
Bedwungen denst se wolden von on haben;
Der hertoghe troste sek lives unde schaden
Unde sammede eyn vil erhafftich her,
Dar mede volghede he an dat mer,
Unde vordreff se gar von Sassen lande.
So he aver mit vroyden her wedder wande,
Unmetlik storm wedder hoff sek up der see,

---
[1]) Eb. c. VI, 40 u. 41.

Dat ek nu reden schal dat dot my twar wee.
De hertoghe Brun all dar synen ende nam,
Unde sin herschop on Otten synen broder quam etc.

H. v. H. (S. 74): Isti enim Bruno et Tanquardus cum gens Danorum in Francia crudeliter seviret et etiam Theutoniam invaderet eis occurrerunt et ad consumptionem usque percusserunt. Et cum victores redirent, cum multo populo inundatione quadam gravi imbrium perierunt.

Trotz mancher Verschiedenheiten und Zusätze beider ist der Gleichklang unverkennbar, gemeinschaftlich beiden ist hauptsächlich die Verwandlung der historisch beglaubigten Niederlage der Sachsen in einen Sieg [1]).

Näher noch schliesst sich an Eberhards Text der des chronicon vetus d. Br. an (Leibn. II. S. 14):

De inculto Danorum fuit illis temporibus populo ecclesiae dei plaga maxima, qui in Francia et partibus occiduis omnia crudeliter vastaverunt. Ipsis in Theutonia Bruno et Tanquardus in manu valida occurrerunt et cum eis confligentes et gloriosa de eis habita victoria, cum ad sua redirent, inundatione gravi imbrium perierunt.

Schon Potthast hielt es für wahrscheinlich (S. 56, Note 2), dass jene Stelle über die Gründung Gandersheims aus einem Chronicon dieses Orts geflossen sei. Diese Annahme erhält durch den Nachweis weiterer Verwandtschaft mit Gandersheimer Aufzeichnungen und der Benutzung einer Urkunde dieses Stifts eine nicht unbedeutende Stütze.

Dass aber Eberhard selbst von Heinrich von Herford oder seiner Vorlage der chronica Saxonum benutzt sein sollte, hat an sich wenig Wahrscheinlichkeit, auch Waitz hat sich dagegen ausgesprochen [2]). Sie wird ausgeschlossen durch den Anklang an Hildesheimer Quellen, durch den Umstand, dass Eberhard die Einfügung jener Urkunde in den Text nicht kennt, nichts weiss von Brunos Bruder Tanquard und der Gründung Braunschweigs durch beide, sowie von der Verhee-

---

1) Waitz Jahrbücher S. 10.
2) Kaiserchronik S. 45.

rung Frankreichs durch die Dänen; endlich dadurch, dass die Darstellung der Ungarnschlacht eine Fülle abweichender Züge enthält, die die erfolgte Weiterbildung der Sage deutlich zeigen [1]).

So bleibt nur die Annahme gemeinschaftlicher Quelle für Eberhard und Heinrich von Herford resp. die chronica Saxonum übrig, wobei es freilich unentschieden bleiben muss, ob die Verwandtschaft beider direct oder durch verschiedene Mittelglieder abzuleiten ist. Manches mag für das letztere sprechen, man mag eine irgend wann erfolgte Umarbeitung von Eberhards Vorlage annehmen und daraus die Reichhaltigkeit der chronica Saxonum für die Zeit Heinrichs I. erklären wollen [2]), alle diese Vermuthungen zu stützen fehlt uns das Material, wir müssen uns begnügen, die Verwandtschaft zu constatiren, ihre Vermittlung stufenweise nachzuweisen, sind wir nicht im Stande [3]).

Führte uns die Verwandtschaft zwischen Heinrich von Herford und Eberhard zu der Annahme gemeinschaftlicher Quelle für beide, so sind wir andrerseits auch für die Annales Palidenses und Eberhard durch den Vergleich der Texte von der Ungarnschlacht zu demselben Resultate gekommen.

Für das höhere Alter von Eberhards Quelle aber und die Notwendigkeit ihre Abfassungszeit vor die des Annalista Saxo und der Annales Palidenses wie auch ihrer gemeinsamen Quelle, der von Waitz der Name der sächsischen Kaiserchronik mit Recht beigelegt ist, zu setzen, spricht das Freisein von mancher sagenhaften Zuthat, die in jener zuerst auftauchen und von da aus sich in die ganze Historiographie des späteren Mittelalters ergiessen. Zwar findet sich auch bei Eberhard

---

[1]) Waitz: Jahrbüher K. H. I. Excurs XIV. S. 248.
[2]) Waitz Kaiserchronik S. 44.
[3]) Uebrigens darf man nicht annehmen, dass die chronica Saxonum sehr umfangreich und reichhaltig gewesen sei. Die Schilderung der ganzen Zeit Heinrichs IV. war in einige Zeilen zusammengefasst, wie die Vergleichung H. v. H. und des chron. vetus zeigt (s. Kaiserchronik S. 41), und auch sonst ist das compendiarische Verfahren des Autors erkennbar.

das sagenhafte Element bereits in starker Wucherung, aber doch nicht in dem Grade, wie in jenen annalistischen Werken. Man kann sagen, der Held des Gandersheimer Buchs sei Heinrich, über ihn finden wir wenigstens individuelle Schilderungen, wenn sie auch der Verfasser aus Mangel an eigener Ueberlieferung aus Widukind schöpfen muss, sie beginnen mit seiner Erhebung zum Herzog, begleiten ihn, wenn gleich kürzer, als König und endigen kurz nach seinem Tode mit der Krönung seines Sohnes; und in sein Bild fügt sich — er ist schon Liebling der Sage geworden — die fabelhafte Tradition der Ungarnschlacht ein. Da ist es nun gewiss nicht zufällig, dass sein zuerst im Annalista Saxo und den Annales Palidenses auftauchender, dann in den späteren Chroniken stets wiederkehrender Beiname der Vogler [1]) Eberhard oder vielmehr dem Autor der fundatio noch nicht bekannt ist; dass er die Ablehnung der Krönung seitens Heinrich getreu nach Widukind erzählt und noch nichts von dem durch die Annales Palidenses überlieferten Weigerungsgrunde weiss [2]), dass er den schon bei Schriftstellern des zwölften Jahrhunderts vorkommenden Beinamen Ottos II., der Rothe, rufus, sanguinarius [3]) u. s. w. noch nicht kennt, ebenso wie ihm die schon oben für die Kaiserchronik gesicherte Nachricht von Heinrichs und seiner Brüder Verhalten gegen Gandersheim fehlt [4]). Dies alles zwingt dazu, die Abfassung der fundatio vor die des Annalista Saxo, der Annales Palidenses und ihrer Quelle der Kaiserchronik zu setzen. Leicht auch möchte man namentlich wegen der nachgewiesenen Verwandtschaft zwischen Eberhard

---

[1]) Waitz: Jahrbücher. Excurs VI. S. 213 ff.
[2]) Ebd. S. 219 ff. A. P. SS. XVI, 61.
[3]) s. O. Grund: Forschungen z. d. Gesch. Bd. XI. Heft III. S. 591 Günther: die Chronik der Magdeb. Erzbischöfe S. 40.
[4]) Hat Eberhard dagegen Kunde von einem dem Könige anhaftenden Beinamen, so erwähnt er ihn auch: Heinrich den III. nennt er im Königsverzeichniss: de gude hinrik, was eine Uebersetzung des Henricus pius zu sein scheint. Dieses Epitheton findet sich schon im chron. Wirziburg. SS. VI. S. 30. s. Giesebrecht: Geschichte der d. Kaiserzeit Bd. II. S. 633.

und Heinrich von Herford zu der Annahme neigen, diese fundatio als Quelle für die Kaiserchronik und als Ausgangspunct dieser ganzen sächsischen Historiographie anzusehen, wie so häufig eine solche fundatio den Anfang einer in einem Kloster verfassten chronistischen Aufzeichnung bildet. Dagegen aber spricht, dass wir für den Bericht der Ungarnschlacht — und auf ihn kommt es dabei lediglich an —, keinen einzigen der Texte, also auch nicht den durch Eberhard erhaltenen, als die Grundlage aller übrigen nachweisen können. Es bleibt die Möglichkeit, dass jener Schlachtbericht als fragmentarische Aufzeichnung eines einzelnen Ereignisses mehrmals unabhängig von einander in spätern Werken benutzt ward, eine Möglichkeit, die sich freilich nicht weiter stützen lässt. Dass aber die Reimchronik Spuren der ältesten Sagenentwickelung enthält, hoffe ich gezeigt zu haben [1]).

Als Quelle für die chronica Saxonum dagegen lässt sich die fundatio wahrscheinlich machen, wenn sie gleich nicht unvermittelt in dieselbe übergegangen zu sein scheint. Mit den Annales Palidenses findet sich in ihr (chr. S.) keine Verwandtschaft, also wird sie auch kaum die Kaiserchronik gekannt haben [2]).

Einen zu kurzen Zeitraum dürfen wir für die Abfassung und Verbreitung der sächsischen Kaiserchronik nicht annehmen; da nun die Annales Palidenses und der Annalista Saxo in die zweite Hälfte des zwölften Jahrhunderts gehören [3]), so ist sie spätestens in die erste Hälfte derselben zu setzen, frü-

---

[1]) Wie weit verbreitet die Kunde dieses Ungarnzuges war, zeigt Helmold I, 1: Nam post Hunorum atque Danorum strages tercia Ungarorum desevit irruptio, omnia finitima regna vastans atque collidens . . . . quantis autem imperatorum laboribus et christiani exercitus dispendio subnervati fuerint et divinis legibus subacti, **multorum habet notitia et publice loquuntur historie**. Was aber in aller Mund fortlebt, ist nicht das blosse historische Factum, da oder dort sei einmal eine Schlacht geschlagen, sondern ist die Sage in ihrer fortgesetzten Ausschmückung und Weiterbildung.
[2]) Waitz Kaiserchronik S. 44.
[3]) Wattenbach a. a. O. S. 411 u. 496.

her also gegen Ende des elften oder in der ersten Zeit des zwölften Jahrhunderts ungefähr wird die fundatio entstanden sein [1]).

Als eine Ableitung aus Eberhard und daher ohne Werth für die hier erörterten Fragen ist das chronicon rhythmicum ducum Brunsvicensium bereits von Köpke nachgewiesen worden [2]). Ganz dasselbe gilt aber auch von dem Syntagma de ecclesia Gandersheimensi des Clusiner Mönches Heinrich Bodo aus dem Anfang des sechzehnten Jahrhunderts [3]). Auch er hat nur uns bekannte Quellen benutzt und was er, wie Eberhard, an Gandersheimer Legenden berichtet, lässt sich alles eben auf diesen zurückführen, zwingt in keiner Weise zu der Annahme gemeinsamer Quelle. Welche Hülfsmittel ihm zu Gebote standen, ist von Köpke hervorgehoben worden [4]); zweifelhaft liess dieser nur, wie Bodo zu den Widukind entlehnten Worten bei König Konrads Tode gekommen sei. Sie sind aber, wie eine Vergleichung der Texte zeigt, und ebenso der ganze folgende Abschnitt, der durchaus den Charakter der späteren Chroniken trägt, aus Engelhusius geschöpft [5]), aus dem auch anderes, so die Sage vom Markgrafen Liutpold von Oesterreich, in der Heinrich III. zum Schwiegersohn Konrads II gemacht wird, entnommen ist [6]).

Endlich ist noch ein Wort über die der Reimchronik angehängten Kataloge der Könige und Aebtissinnen zu sagen. Acht der ersteren zählte nach Eberhards Worten [7]) dat bok:

---

[1]) In diese Zeit weist auch die Erwähnung Herzog Widukinds als Ahnherrn des Ludolfingischen Geschlechts (Eb. I. v. 3). Waitz Jahrbücher Excurs I. S. 185. Köpke Hrotsuit. S. 234.

[2]) s. o. S. 49. Darnach ist in: O. Lorenz Deutschlands Geschichtsquellen u. s. w. die Note 1 zu streichen. Köpke wird richtig citirt, aber sein Resultat nicht mitgetheilt.

[3]) Leibniz II, 330 ff.; III, S. 701 ff.

[4]) a. a. O. S. 236 f.

[5]) Leibn. II, S. 1071.

[6]) Leibn. II, S. 1084. Stälin: Wirtembergische Geschichte Bd. I. S. 486. Stenzel: Geschichte d. fränk. Kaiser Bd. II. S. 31.

[7]) XLI, 34 ff.

Ludwig, Arnolf, Konrad, Heinrich, drei Ottonen, Heinrich. Ausgelassen ist demnach Ludwig das Kind, der auch in der Reimchronik nicht genannt wird; unter dem erstgenannten Ludwig ist entschieden Ludwig der jüngere, Gemahl der Lutgard und Schwiegersohn Ludolfs zu verstehen, und es ist deutlich, wie dies Verzeichniss nach dem Text der vorangegangenen Erzählung zusammengesetzt ist, man darf daher auch nicht, wie Köpke thut, Ludwig den Deutschen als fehlend ansehen, der Katalog beginnt erst mit seinem Sohne.

Es folgen: Konrad, Heinrich III. und IV.[1]), nach welchem sogleich, Heinrich V. übergehend, Lothar genannt wird. Im folgenden ist nur Heinrich VI. ausgelassen, doch wird er nachträglich als Friedrich II. Vater erwähnt. Hier scheint eine Verderbniss des Textes vorzuliegen, da Philipp zum Bruder Friedrichs I. gemacht wird, sein Mörder fälschlich Friedrich von Wittelsbach heisst, Fehler, die man kaum dem der Zeit so nahe stehenden Eberhard zutrauen darf, er aber muss natürlich als Verfasser dieses Theils des Katalogs gelten. Wie leicht aber konnte das Auge eines späteren Abschreibers in den hier sich häufenden Namen der Friedriche und Heinriche sich verirren, und hier einen auslassen, dort mit falschem Namen nennen.

Ebenso fehlerhaft ist das nun folgende gleichfalls auf das das bok zurückführende Aebtissinnenverzeichniss. Schon Köpke (a. a. O. S. 30) hat hervorgehoben, dass die zwischen die Aebtissinnen Christine und Hrotsuit eingeschobene Lutgard kaum existirt haben kann, S. 232 darauf aufmerksam gemacht, dass Aebtissin Sophie und Papst Victor chronologisch nicht zu vereinigen sind.

Auch hier also weist manches auf spätere Abfassungszeit. Genauere Daten lassen sich freilich nicht gewinnen, es muss genügen die Entstehung annähernd für die Zeit wahrscheinlich zu machen, in die wir aus anderen Gründen auch

---

[1]) Diesen, der in der Handschrift deutlich mit den Worten: na deme sint sone, der dat ok heit hinrik steht, lassen alle drei Drucke aus.

die von Eberhards Vorlage setzen mussten. In dieser hat nach seinen Worten das Aebtissinnenverzeichniss gestanden, wie weit es geführt, ob es etwa von andrer Hand fortgesetzt war, ob vielleicht die jüngsten Namen und Zahlen ihm selber zuzuschreiben sind, lässt sich nicht entscheiden [1]).

Kurz zusammengefasst ergeben sich also folgende Resultate:

Eberhard hat eine einzige Quelle, eine lateinisch geschriebene fundatio des Stifts Gandersheim, in der schon Widukind benutzt war, die auch den Bericht über die Ungarnschlacht enthielt, ins Deutsche übersetzt. Sie ist früher verfasst als der Annalista Saxo, die Annales Palidenses, und deren gemeinsame Vorlage, die sogenannte Kaiserchronik, steht mit dieser in keinem unmittelbaren Zusammenhang, gehen beide in Hinsicht der Schilderung des Ungarnkriegs auf gemeinsame Quelle zurück. Dagegen lässt sich wahrscheinlich machen, dass in der chronica Saxonum des Heinrich von Herford die fundatio benutzt sei, doch sind wohl vermittelnde Zwischenglieder anzunehmen, in denen und durch die sich die geschehene Fortbildung und Umbildung der Sage vollzog.

Zum Schluss dieser Untersuchung sei es mir noch verstattet, Herrn Professor *Waitz* meinen Dank zu sagen für die fördernde Theilnahme, die er, wie meinen übrigen Studien, so insbesondere dieser Arbeit gewidmet hat.

---

[1]) Werthlos sind die neueren von Leukfeld vielfach citirten Aebtissinnenkataloge. Sie finden sich von verschiedenen Händen des 17. und 18. Jahrhunderts verschieden weit fortgeführt in zwei Exemplaren eines Antiphonariums noch jetzt in Gandersheim. — Ein anderes ist als in Nordkirchen in Westfalen befindlich citirt Archiv VI, S. 37. J. Rosenthal: Catalogus abbatissarum Gandershemensium s. XVIII.